幼兒體能 與 律動指導

Guiding Young Children:
Instructional Methods and Materials for Physical Fitness Activities &
Rhythmic Movement

張瓊方◎著

序

　　「唱唱跳跳、做做玩玩」是孩子一日生活的寫照。當自己的孩子進到幼兒園，做父母的總是期望自己的孩子能遇到一位好老師；除了重視教師的人格、氣質、輔導與帶領孩子的技巧外，也希望老師能引領孩子體驗探索著音樂、舞蹈、運動、美勞等各種活動，藉此孩子能學到「東西」，也能陶冶性情，鍛鍊強健體魄。

　　筆者教授身體動作指導相關的課程已多年，多以體育、舞蹈、幼兒、教育指導為主。在幼兒保育系曾經教授「幼兒韻律活動教學」、「體能動作發展教材教法」、「幼兒唱遊教學」、「幼兒器樂」、「幼兒遊戲理論與實務」、「幼兒表現活動與實務」等科目，在幼教師資學程課程教授過「幼兒體能與遊戲」，在休閒相關科系教授「幼兒體適能指導」、「舞蹈與休閒」等課，在大學通識課也教授「體育」的舞蹈課；此外，在日本、在臺灣都曾擔任學校體制外兒童舞蹈教師的工作。個人比較支持舞蹈、音樂、體能等課程要能整合融入幼兒每日生活遊戲當中。幼兒若只能期待每週一次的奧福音樂課或每週一次的體能專業教學，律動活動也都以仿唱仿動時下流行的歌舞為主，難免有所遺憾。幼兒的指導者應多充實音樂、舞蹈、體育等各項「技能」，才能時時提供孩子豐富的學習素材。

　　由於在學校授課總是根據課名編寫教材，授課的內容必須明確符合課名。因此，多年來編寫了不少課堂講義，但都是分科根據

課程名稱編寫的。感謝揚智文化公司允許我能將「體適能指導」與「律動指導」合併撰寫。幾年前，曾參加由南部某大學舉辦的兒童舞蹈師資研習課程，當時擔任日籍教師的翻譯工作，發現音樂系的老師們也都參與了舞蹈課程的學習。由於年紀愈小的孩子，指導者要承擔的責任就更多更廣，所以幼教老師被要求「多才多藝」。只要確實掌握各科基本知識概念、充實肢體表現的能力與注意指導技巧，就能將舞蹈、音樂、體能與遊戲等活動課程掌握得很好，成為具備多元能力的指導者。

彙編的授課講義從來沒有動力要出版成為正式書刊。要再次感謝揚智文化公司推了我一把，總算將多年教學的經驗以授課口述似地記錄下來，成為專著。本書分為三篇，第一篇第一到第六章敘述體能律動與幼兒發展等相關基礎知識；第二篇第七到第十章介紹準備實施幼兒活動指導的先備概念；第三篇第十一到第十四章則是提供幼兒活動設計的範例；指導者可以此為基礎，「發想」出更多活動或教案。本書雖以「幼兒」為書名，但相信亦很適合延伸運用於指導低學年孩童。由於在指導幼兒時，指導者都會以簡單清晰的口語表達自己要教授的內容，所以文中遣詞用字力求清晰，簡單易懂，不願咬文嚼字使其艱澀難懂。

感謝實踐大學，即便是在休閒產業管理系任教，仍有機會參與幼兒教育活動。「我很喜歡孩子」這是我常說的話，孩子像白紙一樣單純潔淨，和孩子接觸不但讓自己感到年輕，每一次的接觸也有如心靈獲得洗滌與淨化般，「指導幼兒」真的是一份神聖又令人喜悅的工作。

撰書其實是挺麻煩的過程，從構思、資料蒐集與呈現，內容份量的安排與資料的取捨，特別是動態的活動要用文字呈現，需要花

費不少心力與時間。本書的完成要感謝高雄市旗山區鼓山國小附屬幼稚園、心心幼兒園、蒲公英藝術托兒所，多年來提供學生到園所見習與試教的機會，也藉此蒐集到不少照片。為了保護幼兒，凡涉及幼兒照片的處理，本人都小心翼翼。本書中若仍有疏誤之處，尚祈先進與同好不吝指教，實所企盼。

張瓊方 謹識

目 錄

幼兒體能與律動指導

指導方法篇 95

教材活動範例篇　145

理論知識篇

Chapter 1 幼兒體能與律動

- 活動的意義
- 體能與律動的關係
- 身體性教育活動學習的目的

一、活動的意義

　　要活就要動，人必須要具備動能才會充滿活力且有朝氣。「活動」是工作與動的意思，例如休閒活動是指在閒暇時間內所從事的活動；休閒活動包括各式各樣與心智關聯或與身體有關的活動，如各式遊戲、運動、音樂、戲劇等，皆可廣泛作為每個人娛樂與休閒活動的內容。只要該活動可能達到消遣，讓情緒得以轉換，或能恢復工作的意志與靈感等結果，就是休閒活動。

　　很多「活動」經常伴隨學習與教育的功能，例如，幼稚園所會為幼兒安排各式活動作為教育的方式，包括遊戲活動、認知活動、身體活動、音樂活動等課程。這些活動被安排在幼兒保育園，其指導人員具備專業的知識，能夠提供有計畫、有學習目標的活動讓幼兒參與，因此活動也具備「有計畫的」意義，能讓幼兒透過各個活動的參與而有計畫地學習。

(一)現況

　　活動雖然可以單獨一個人進行，也可以是兩、三人的小團體活動，甚至可以安排多數人的「大團體」方式進行。幼兒在個人活動過程中探索自立與學習獨立；在少數人參與的活動中可以學習如何溝通達到自己的目的；在多數人的團體活動中可以感染更多團體的歡樂氣氛，可以探索到得以互助合作的方式，因此逐漸學會解決問題的能力。

　　由上述可知，幼兒參與活動具有其意義，但現在許多孩子卻缺少活動。以下列舉現在社會可以觀察得到的現象，例如：

　　大人為了工作以及子女的教育可能會選擇交通便捷的都市居住。都市的居住環境大多是大廈型態的電梯公寓，平日上下樓仰賴電梯，上下學都是由父母或娃娃車接送，甚至雙薪家庭的父母晚歸，連安親設施都是設於大樓內，這樣的公寓大廈居住生活使得幼兒的戶外活動大為減少，身體性的活動限制多，活動範圍不大。取而代之的是電視、電玩、3C產品充斥於孩子的日常生活中，生活習慣大為改變。

　　在鄉村則是出現另一種現象，例如較常見的問題是隔代教養現象。很多孩子的父母在都市打拚工作，因為無法將孩子帶在身邊照顧，故只得將孩子寄養在鄉下由年長者照顧。隔代的教養也造成年長的祖父母輩沒有多餘的體力參與孩子的活動，雖然鄉村生活的活動範圍較寬廣，但交通較不便捷，幼童托育的機會較少，孩子也少，孩子間的互動機會就減少。

　　綜觀上述，因為社會環境的變遷，無論居住於都市或鄉村，都有必須面對的問題。孩子可能因為環境影響個體某部分的發展，也可能造成因缺少運動而引起的身體狀況。由於環境缺乏可提供幼兒活動運動的機會，若再缺乏指導，就會錯過學習的好時機。所以現在的孩子欠缺運動，必須刻意製造機會。

　　此外，現代社會也經常可以見到下列景象阻礙孩子參與活動：

【例一】

　　媽媽推著娃娃車到賣場的美食街用餐，第一個動作就是把平板電腦或手機拿出來，利用網路連結到有卡通的平臺，然後讓孩子能安安靜靜看著平板。這樣不但不會打擾大人用餐，媽媽餵一口，小朋友就張開嘴，可以順利完成進食，這樣的型態，父母與孩子幾乎不用對話，感覺孩子交給3C照護，雖然有視覺影音的刺激，也可以刺激聽力學習語言，但失去親子可以對話與親近溝通的機會。

【例二】

　　父母雙方都有工作，孩子可能交給中年以上甚至年紀更長的老人。有些父母平日在職，無法照應小孩，甚至被迫必須將小孩託付給在鄉村或已經退休的父母照顧，年邁的父母雖然很有耐心聽孩子說話，也能在飲食方面比較充足的時間去做好準備，但可能活動力已不夠，所以可能無法陪伴孩子遊戲玩耍，特別是體能上的活動。

【例三】

　　少子化的現象是指現今許多家庭都只生一胎，沒有兄弟姊妹，電視、影音影片、遊戲機、玩具就是孩子的玩伴，或是家庭子女間的年齡差距過大，兄弟姊妹間對彼此從事的遊戲或活動已不感興趣，這種獨自「一人的世界」，缺少與

人互動的技巧分享與公平分配的概念，且影音電子產品這類
「玩伴」，多只能刺激視覺，缺少身體性的活動。

電子產品就是孩子的玩伴

　　從以上數個例子看來，現代社會的幼兒或兒童參與活動的機會
需要藉由大人刻意的安排，才得以幫孩子製造與人互動交流與身體
活動的機會。例如幼兒父母需要刻意安排，每天帶著孩子到公園遊
戲區玩耍，或至少假日的時間全家到戶外走走，或必須安排坊間的
社團或補習班，或者安排幼兒進入托育機構。

　　現在坊間社團，健保園幼兒遊戲區，有直排輪團體、舞蹈律
動班提供了這些機會。在這些班別或社團上課的指導員有不同的專
長，他們發揮專長，以有計畫的課程，藉由各式的活動，可以製造
孩子參與團體與人互動的機會。

(二)指導者的專業背景

一般而言，幼兒體能與律動的指導牽涉體育、舞蹈、音樂甚至藝術的專業，當然包含基本的幼教專業。

大致說來，擁有運動或體育專長的指導者，雖然具備動作技術也瞭解訓練課程的安排，但可能較缺少音樂節奏律動的訓練；擁有舞蹈專長的指導者對動作有概念、對體能可能也有概念，但可能欠缺幼兒發展的相關知識，對教育課程設計也比較沒有接觸，雖然可能具備對音樂的感性，但可能欠缺器樂、樂句、音樂結構的認知；而擁有音樂專長的指導者能瞭解音樂知識、器樂的演奏技巧，但可能欠缺身體的訓練，難以讓肢體結合對音樂的感性；休閒相關科系畢業的指導者，則可能較欠缺教育的概念，學習範圍較廣，但對以幼兒為對象的指導能力欠缺，活動設計的概念可能流於過廣而不能適用幼兒。

就指導活動而言，面對指導對象的年齡愈小，其指導者所要擔負的責任與教學的範圍就牽涉愈廣愈大。例如，體能老師若僅流於要孩子動，而孩子在動的過程中，實際的指導目標、訓練什麼或與其他大的學習範圍，像是幼兒園所的教學單元活動的內容不能連結則甚為可惜。

每一位幼兒體能與律動的指導者都應該具備一個概念，就是幼兒不是縮小版的大人；換言之，教材的內容不是只有量的調整。對幼兒而言，指導者的身教與言教對孩子的影響甚鉅，如何讓幼兒體能與韻律活動具備身體性、基礎性的身體概念、趣味性、滿足性的遊戲概念，以及目的性、計畫性的教育概念，端賴指導者本身不斷充實

專業，並需要與各專長領域的指導者間共擬活動計畫通力合作。

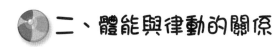 二、體能與律動的關係

(一)體能概念

體能指的是體力，是人類身體能適應生活、運動與環境，例如溫度氣候變化或病毒等因素的綜合能力，稱為體適能（physical fitness）。體適能所指的能力廣泛地包含了生命活動所必須的身體的、心理的、社會的綜合能力。

對每個人來說，這個人的體力靠個人基因和所受到的訓練狀態所影響。一般而言，基本的體適能是要能勝任日常工作也不會感覺過度勞累，然後能保有部分的氣力去參與休閒活動，放鬆心情，或因應緊急需要時所該有的體力。

體適能要靠運動（exercise）而訓練、操練、鍛鍊而養成。幼兒必須每日參與遊戲活動作為操練訓練的方式，然後將遊戲活動中所習得的身體技巧，運用於各個室內與戶外的遊戲、運動（sport），藉由反覆性活動，以改善或維持體適能。

舞蹈與體操很適合作為幼兒體適能的養成訓練方式。因為兩者都包含了以身體作為媒介，以動作作為表現的方式。活動的方式包括遊戲、跑跳、追逐等，幼兒通常會很喜歡，然後可以再運用彩帶、球、環、棒等道具訓練，增添操作性活動的樂趣。幼兒在舞蹈與體操的活動中，對於身體的運用認知、動作的結構、敏捷的操作

技巧都能學到，透過不斷的嘗試與練習來建構完整的動作技能；特別是在這類活動中，肢體的接觸與碰撞力道比較可以調節，幼兒對於運動的恐懼感較不會有壓力。

(二)律動概念

律動就是隨著旋律動作。當人們要向外表達情緒時，通常藉著聲音、手勢、動作或表情，高興時手舞足蹈，發出喜悅且輕快感的音調聲音，所以律動屬音樂活動，也是身體活動，其舞蹈的性質明顯。

雖然所有運動都有其節奏步調的音樂性，但有些運動項目的音樂藝術性更爲明顯，例如舞蹈、體操、水上芭蕾、啦啦隊等有藝術運動之稱。這些運動項目都可能使用音樂配樂，隨著音樂的節奏性與旋律風格作爲身體表現的方式，所以參與這類運動的指導者與學習者對音樂也應該要有所概念。

音樂包含幾個基本的要素，節奏是以拍子（beat）作爲音樂時間的單位，拍子愈快，音樂速度（tempo）愈快；拍子愈慢，音樂速度愈慢，音樂的速度有時間長短的延續特性，還賦予呈現強與弱的特性。例如，速度很快則感覺步調快，時間短暫，速度慢則覺得時間被拖長。若速度慢、拖得很長則會覺得弱化或溫柔；若速度快則時間短，短則給予人「鏗鏘有力」的感覺。音樂樂譜記譜法是一個非常有意思的結構圖，用線作爲架構，音樂的音高決定其所在的位置，高音畫高處，低音畫低處，一連串音符的高低、長短在腦海中的記憶形成旋律的變化，這樣的變化容易吸引大家的興趣。音樂的旋律與節奏要素之間的特殊連結，賦予韻律特性。特別是不同物

體、樂器所發出的音色會不同，產生對音高和旋律的知覺。和聲（harmony）是兩個或數個音的不同組合，然後同時發出聲音，意味著重疊，類似色彩學上彩度的濃淡深淺。音的組合會出現和諧與不和諧、協調與不協調的感覺。

音色、聲音與旋律的變化是音樂的特性，這好比自然界中因為有光線反射產生了色彩上的變化；有物理原理的震動造成聲波聽覺的產生；還有動物以高亢低沉的情緒傳遞了情感。因此，音樂具備了以音色、聲響、旋律去表達情感與賦予變化的功能。音樂的功能在生理方面，能夠促進聽覺的敏銳，促進身體動作的敏捷，音樂的學習也需要體力，樂器的操作需要動作的學習；在心理方面，能夠調節情緒與行為，得以啟發人格與氣質之作用，且音樂風格不同可促進想像與思考。除了聲響，學習樂器需要手眼協調，兩手協調，例如打擊樂手必須眼與手腳協調，雙手要進行不同的動作；小提琴左手按壓琴弦，右手拉弓，如果能夠加強身體動作能力的訓練則有助於音樂的學習。

總而言之，律動指的是音樂與動作結合的活動；體能則為基本動作與身體性的健康適應，兩者相輔相成。各國的幼兒教育課程均會訂定學習領域。例如，日本幼兒保育的學習領域指定了健康、人際關係、環境、語言、表現五個領域；同為華人的香港，其幼兒課程架構發展目標的核心包括身體、認知和語言、情意和群性、美感，這些都可透過體能與健康、語文、早期數學、科學科技、個人群體和藝術來落實學習；至於臺灣幼稚園標準的教育課程則包括健康、遊戲、音樂、工作、語文、常識等領域；新編的「幼兒園教保活動課程大綱」，也將幼兒園課程分為身體動作與健康、認知、語文、社會、情緒六個領域。可以看出「健康」與「身體動作」是幼

兒教育的首要課程領域，透過遊戲、語言、工作等活動建立幼兒發展與人際相處的群性，然後建立幼兒美感表現藝術。也就是說，體能與律動的教育一定會被重視。

(三)幼兒期間發展體適能與律動的重要性

身體活動（physical activity）是指任何由骨骼肌所引發，且消耗能量的肢體活動，藉著富有教育價值的身體活動，在建構良好的場地設備環境中，採用合理、有系統的計畫指導幼兒如何去活動身體，滿足身心需求，以增進健康，體會運動的樂趣，培養友善遵守規律的好習性爲目的，通常會以遊戲、舞蹈的方式來帶領。

幼兒到小學低年級是最適合給予律動教育的階段。在幼兒時期即發展動作技能的重要性，主要是因爲早期動作經驗對幼兒的身體意象有潛在的促進作用，如果錯過了學習的時間，不曾聽過弦樂、打擊樂、管樂，就無法明白音色上的差異。

孩子對初次學習和不會的技能容易缺乏自信，產生恐懼與害怕，而這種情形在小時候比較容易克服，年紀更長一點就更會擔心被同儕嘲笑，一旦形成這種心理狀態往往就更不能放鬆心情好好學習，這就是無論身體上的訓練和感覺上的訓練，能夠掌握在幼兒時期發展最好。

許多環境因素在技能習得中扮演著重要的角色。沒有小提琴，想要摸索學習拉奏的機會就少，沒有挪出時間去摸索與接受指導，也不可能習得；沒有棒球手套，接球時手會痛，想學的意願就會降低，沒有抽出時間與別的孩子互相投擲接捕及打擊，也無法體會玩棒球的樂趣；沒有下雪和冰宮的環境，想學會滑雪、滑冰等冬季運

動的機會減少，學習就欠乏動機。接受指導是影響孩子發展很重要的因素，沒有指導者的指引，基本動作無法熟練，動作無法連結，特別是學會錯誤的動作不容易修正，也可能造成挫折感。幼兒必須獲得時間、機會與充分的鼓勵才能營造孩子對這件事情的成就感，才能感受到自己是否有興趣，進而培養出興趣。換言之，要給予練習的機會，提供器材、設備及時間，幼兒才能發展體適能與律動。

三、身體性教育活動學習的目的

　　學校教育中，在一定時間內安排學生去從事身體活動，包括基本身體動作、球類運動等，以大肌肉的活動為主的課程，被稱為「體育課」。體育就是身體教育，若寓教於身體活動的教育歷程則是較廣義的體育（physical education）定義，例如學校會利用運動賽事或運動表演等活動與競賽來促動學生的身體教育；幼兒園所會安排親子運動會；或公立幼兒園所會配合小學運動會安排表演、遊戲等活動；幼兒園所、托育機構也會在日常時間安排身體大肌肉的活動，鼓勵幼兒們「動」，學習身體如何的運動。體育最基本的目的是學習如何運動，並期望藉由運動的方式而獲得其相關的學習。

(一)學習如何運動

　　所謂體育課中學習如何運動，是指以學習動作的技能和提升身體的體適能為基礎。幼兒學習動作的技能，是指以各個基本動作的訓練為主的活動，以培養幼兒體力。

　　動作種類很多，應該如何分類，可以假設一個孩子未來要打高爾夫球，需要學會的基本動作包括了身體的扭轉、握桿、擊球、揮桿後的身體穩定與平衡；要學韻律體操就要學習翻滾平衡等穩定性動作，還要學會繩、環、球、棒等各式手具的操作型動作；如果是要在田徑場上運動，就要訓練習得跑步、跳高、跳遠等移動性動作。也就是說，所謂的基本動作包括穩定性、移動性和操作性動作。

　　在體育教育的目的中，要學習如何運動，對幼兒到國小低學年級的學童而言，最主要的課題是學習各個基本的動作。這個階段可說是孩子學習並熟悉各個基本動作最重要的時機，基本動作熟練後，透過動作的連結就能運用到正式的運動項目；此外，透過基本動作的學習，體適能的基本要素，包括平衡感、協調性、敏捷性、速度、肌力、肌耐力、心肺耐力、柔軟度等也會因而培養足夠的能力。

基礎性的動作		體適能與運動能力
保持身體動作穩定 讓身體位移的動作 操作遊具與運動器材		平衡、協調 速度、敏捷 瞬發力 肌力、肌耐力 心肺耐力 身體柔軟度 身體組成

圖1-1　幼兒運動學習的內容

(二)學習如何透過運動而學習

　　學習包括技能、認知與情意的部分。體育課的技能是指身體運動的學習，而透過身體運動而學習，則以孩子的認知和情意方面為基礎。

　　有意義的動作經驗對認知概念的學習應該有正面的作用。體育課活動的過程，可以促進孩子的身體知覺（perception）。所謂知覺，比如人們能認識事與物，是靠著我們看到的、聽到的所謂視覺、味覺、嗅覺、觸覺、聽覺這些感覺開始的；但有時同樣看到一件事物，我覺得是這樣，而你卻覺得是另一種感覺，是一種要靠經驗和知識來做判斷的心理活動。知覺的經驗不僅決定於外在的客觀條件，也會受到個體過去的經驗背景和現在心理定向、需求不同，所知覺事物產生的意義自然會發生差異。身體動作與韻律活動的訓練可以促進孩子對運動的經驗體驗，幼兒根據參與運動所獲得的感覺，將其資訊加以組織及整合，然後累積對運動的知覺。

　　認知學習（cognitive learning）是指認知性的概念透過學習將訊息體系化而積蓄於記憶中，然後在各種場合中能夠喚起這些記憶。動作技巧的學習需要高層次的思考過程，所有的隨意運動包含了認知性的要素。例如，律動的學習對於身體知覺、空間感、方向感等空間情境，以及同時性、韻律性、次序性的時間情境等，這些就是知覺運動的學習（perceptual-motor learning）；也會領略技術的概念、身體運動的概念、活動的概念、理論的概念等認知概念的學習（cognitive concept leaning）。幼兒或兒童在運動時會重複再現自己曾經認知的經驗，想起動作該怎麼做，決定身體該如何反應，面對

新的情境該如何應用自己的動作運動，所以運動可以促進認知中保持、想起、意思決定、應用的思考過程。

認知性的概念學習成為具批判的方法，許多學齡前兒童的指導者或教師應用動作學習策略，結合數學、語言、藝術、科學及社會等科目的研究，反覆增強幼兒的認知，促進學科概念的發展。

表1-1　體育教育的認知學習內容

有關技巧的知識	可以知道身體如何「動」，包括基本的動作、某一種運動活動的動的知識
身體怎麼去動	用的力道、空間、關係
動的方法	身體的哪一個部分在動會比較好，一個部分、表現、規則、策略
體力有關的知識	身體機能的知識；訓練的原理，解剖學上的用語，生理學的用語，營養相關知識，紓解壓力
與學習領域有關的概念	根據運動而強化知識，國文技能項目、算數、自然科學、社會科學

情意的學習（affective learning）是體育目的中如何透過運動而學習的側面目的之一。一般而言，體育運動可以營造歸屬感、知覺能力、價值觀、自我肯定、獨立性、道德觀等自我概念（self-concept）的提升；此外，還能透過體育運動活動學習團體的合作、態度的形成、價值判斷、士氣的提升等積極社會化（positive socialization）的行為，因此透過運動可以促進情意方面的學習。

自我概念就是個人用「這樣才像我自己」的判斷來表現自我的態度，是一種自尊心。自尊心可以讓一個人成為一位「學習者」，學習如何探索發現自我，以及自我存在的意義，而要理解這樣的自我和存在的意義，是可以透過身體活動而學習到的。一個人能認清我自己是有能力的，「我是可以做到的」，「我是有價值的」，是

依據日常的經驗產生的對自我的肯定態度。幼兒也是一樣，活潑能動的身體讓他覺得自己會做了，也就學習了自尊，認識了肯定自我的概念。

表1-2　體育教育的情意學習內容

歸屬感	所屬團體的成員有認定被接受及受重視的價值感
有能感	能力與自信心兩者關係密切，相信自己的內在感覺，達成自我評價
自信	嘗試想要達成目標，獲得成功的經驗
相應於像我自己的價值	思考、發現、貢獻
自我接受	一方面強另一方面弱的現實，認識自己的才能、行動、容姿
獨自性的個性	技能的水準、體適能、體型、動機
道德的價值	一貫價值的判斷水準——尊敬、責任、信賴、關心、社會性

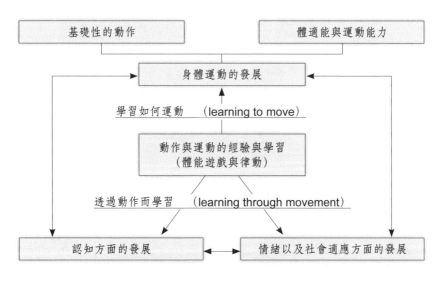

圖1-2　身體性教育活動學習的目的

 **Chapter 2** 幼兒的發展

- 發展的定義與原則
- 身體動作的發展
- 認知發展
- 情意的發展

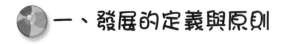

一、發展的定義與原則

(一)發展的定義

從母體開始受孕就是生命的開始，生命的開始到終了的這整段期間就是人類個體的發展。發展包含了身體質與量的變化，即這段期間會有生理上與心理上的改變。生理上的改變包括身高、體重、器官功能的變化；心理上則有思考、言語與行為上的改變。

孩子一出生會經歷身高體重快速變化的第一階段，到幼兒階段身高體重的量的變化會趨於穩定成長而速率較為緩慢；但在心理上語言的發展較晚，幼兒大概要到1歲才會開始說話。影響發展的因素包括了遺傳、環境、成熟與學習。這四個因素一直發生交互作用，此種交互作用隨個體生長程度的改變而改變。

在受精作用時，因遺傳基因的組合，每一個體即繼承了前一代生理的身高、體型、頭髮、膚色等特徵，也受到人格、智商、精神疾病等心理特質的遺傳。缺陷基因對遺傳會造成影響，有某些缺陷基因攜帶者之外表有顯著缺陷，可明顯看出缺陷基因的影響；但另一些缺陷基因攜帶者之外表無顯著缺陷，身體功能也不一定有顯著缺陷。

至於個體生長環境可分為產前受胎環境與產後生長環境，會影響個體的發展。中國諺語中「龍生龍，鳳生鳳，老鼠生的兒子會打洞」，顯示了遺傳與環境對人的影響。

　　中國人常說孩子「七坐八爬」，意即孩子到了7個月大時自然就應該會坐著，而8個月大時就會爬行。當個體身心成熟到某一階段，這代表發展受到成熟因素的影響，許多動作技能常能不學自會，而許多心理特質也常因個體達到一個成熟階段，即表露出學習的意願。

　　人類的行為除少數動作受成熟因素的支配外，其餘較複雜的行為多受學習的影響。但學習受成熟的限制，個體成熟愈快時，其基本行為的學習也愈快。學習也受種族遺傳的限制，例如，美國黑人或原住民族給人運動發達、歌聲嘹亮的印象，而實際上不少運動選手明星或歌手確實是出身黑人或原住民族血統；住在寒帶山區的孩子可能都會滑雪與滑冰，而成長於南美洲的孩子熱愛足球，不但愛踢，而且會踢足球的人相對較多。

　　人類的發展常依賴生理機能及心智之成熟後才學習，因此學習是有預備狀態（readiness）的。4到5歲是對旋律最敏感的時期，旋律的知覺能力關鍵期在2到4歲，也有5到6歲之說。關鍵期（critical period）意指初期學習將達到某個臨界期，也就是在發展過程中有一個特殊的時期，其成熟程度最適合學習某種行為，在關鍵的時期若給予適當的教育或刺激則成果豐碩，但若錯過學習的機會，日後的學習效果將大為降低。

　　嬰幼兒期（0至6歲）的孩子，行為過程的建立往往能維持長久不易喪失或改變的銘印（imprinting）情況。一個從小就學會翻滾技巧的孩子，即便停止學習一段時間，仍然會施展這項動作技巧。環境被剝奪會造成某些能力發展受影響，比如說沒有水中活動的環境就無法讓孩子學習游泳；沒有丟球、打擊的環境，孩子就無法掌握投擊技巧，就不可能會打棒球。

此外，對於保護者，孩子會有不同的依附行為（attachment）反應，例如安全依附型、不安全依附型及逃避型的依附行為，教養者必須注意其適應的狀況。

(二)發展的原則

人的發展有其一定的方向性，例如剛出生的嬰兒，頭的比例特別大於身體，之後身體的部分才慢慢長大，由此得知身體的發展是頭部為先，四肢在後的「頭尾定律」；這種大頭小身體的情況在嬰兒到幼兒時期是明顯的，因此指導者必須注意幼兒身體活動的安全，指導幼兒在身體動作時能叮嚀對抗地心引力，讓身體達到均勢之保持身體平衡的方法。

當母親得知懷有胎兒，在照超音波時，第一個被醫生告知的是胎兒心臟的跳動，接著才會在超音波上看到長出的手腳；也就是說，人類的發展是以軀幹為先，四肢在後，從身體的中心開始向末梢發展的「近遠定律」。

人的發展是一個連續性的過程，即便也存有個別的差異，但個體發展模式卻是非常相似的；也就是說，孩子的成長有著共同的進程與模式，雖然每個人發展速率有所不同，依賴著成熟因素，也依賴學習。

發展是從一般反應到特殊反應，嬰幼兒與兒童階段的發展對未來有著很大的影響。人類身與心的發展具有相關性，各項發展有其關鍵期，也有階段現象，社會上對人生命全程的每一發展階段都有些期望，早期發展對未來非常重要。

發展的特性是透過教育可以形塑人格，具有可塑性與依賴性。

發展會從身體整體成長到個別情緒的分化、動作的分化等變化，即由整體到特殊的分化原則，但最後這些分化部分會協調整合為一個整體，是所謂人類發展的統整原則。

 ## 二、身體動作的發展

一般孩子大概幾歲會走，幾歲會跑，幾歲會單腳跳，幾歲開始自己會扣釦子，指導幼兒的指導員應該要有所概念。因為根據能走、能跑、能跳等基本身體動作能力，指導員就可以依照幼兒身體動作發展的情況，安排比較有變化的幼兒體能活動。

具有育兒經驗者對幼兒的發展進程也有一些概念，例如人們常說的「七坐八爬」，就意味著大約7個月大，嬰兒開始會坐，8個月大開始學爬。嬰兒能坐能爬其活動範圍就更廣，能爬行移動就可以自行鍛鍊身體肌肉的力量。

10個月大的孩子開始學會有支撐的站立。嬰兒需要很大的力量才能將坐姿的身體調整成站立姿勢，這時孩子可以鍛鍊身體出力。

從站立到移動，平衡是重要的動作能力要素。單純的站立，無論是單腳站立還是某一姿勢的維持，稱之為靜態平衡。幼兒長到1歲能站立平衡，但要能單腳站立保持短暫數秒的平衡約要在5歲左右。

通常嬰幼兒在出生後13個月左右會基本的移步，1歲半後會走得比較快，2到3歲時會跑。當然跑步的樣態不協調，往往依照大人的指令刻意擺手或舉腳，要跑得有效優美成熟大約要到5到6歲。走與跑之間的差異在於跑的動作會出現雙腳同時離地的時刻，而走卻是雙腳一定有一隻腳著地；換句話說，通常跑的情況會比走的情況速

度來得快些，但是指在動作上的差異，而不是時間上速度的差異。

　　跳有幾種情況，雙腳往上跳，往前跳，由上往下跳，另有單腳跳。幼兒約在1歲半時能由極低的矮處往下跳，從A點跳到B點，其身體及腳往上又往下「跳幅」，大約6歲才能用各種方式跳躍。單腳跳時，慣用腳的跳躍會比較先學會，約3歲左右會用慣用腳跳三次左右。

　　除了用腳帶動的身體動作，還有用單手和雙手投擲與接捕的操作型動作。能用手臂做投擲動作，約於幼兒2歲時，但要能熟練各種投擲方式要到幼兒6歲左右。接捕動作也是相同，但由於接捕動作是接受物體往自己身上收受，所以幼兒容易感到東西往自己丟來的恐懼感，視覺也往往不敢追視物體，又害怕東西碰撞到身上會造成疼痛，所以更容易失誤。

幼兒運動會（瞭解幼兒身體動作發展，指導者可安排適切的體能活動）

表2-1　幼兒身體動作發展的進程

動作	類型	能力	起始年齡
穩定性動作	靜態平衡	牽著手站立	10個月
		不必他人協助自行站立	11個月
		獨自站立	12個月
		用一腳站立（3至5秒）	5歲
		頭手三點倒立	6歲
	動態平衡	能沿直線行走	3歲
		能沿線走圓圈	4歲
		能在低平衡木上站立	2歲
		能在平衡木上行走（短距離）	3-4歲
		能在平衡木上換腳站立	3-4歲
		能完成基本的前滾翻	3-4歲
		能熟練地完成前滾翻	6-7歲
移動性動作	走	基本的起移步	13個月
		橫走	16個月
		倒退走	17個月
		攙扶走上樓、逐階走上樓	20-24個月
		逐階走下樓	25個月
	跑	快走	1歲半
		第一次會跑	2-3歲
		跑得快速有效	4-5歲
	跳	矮處跳下	2歲
		雙足跳離地面	2歲半
		跳遠	5歲
		跳高	5歲
	單腳跳	慣用腳跳三次	3歲
		技術熟練、優美的單腳跳	6歲

　　說到玩球等操作型動作，很多人只想到用手操作，其實也會使用下肢來操作，最容易為人想到的是足球，其他韻律體操使用的繩、環、棒、彩帶等也可以看到，若是出色的選手，手腳皆能靈活操作物體。腳部的操作型動作，平常比較容易被指導者忽略。幼兒1歲的踢球動作，並不能看到腳盪向身體的後方，充其量只能說是壓球或碰觸球的推球動作。能看到腳的擺幅動作，大約4、5歲才會表現出來。

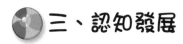 三、認知發展

　　近代最知名的發展心理學家皮亞傑（Jean Piaget, 1896-1980）的理論將兒童認知的發展（cognitive development）分為四期，其中，前兩期的發展特徵出現在嬰幼兒時期。第一期為感覺動作期（sensory-motor period），從出生到約2週歲的嬰幼兒；第二期為準備運思期（preoperational period），指幼兒約從2到7歲時是以直覺來瞭解世界。

　　其理論意義是指嬰幼兒最初的認知學習是依賴感覺動作。嬰幼兒靠著身體的動作，並由動作獲得感覺，例如看到某物會用腳或用手觸碰，或拿到口中嚐嚐看，透過觸覺、聽覺、視覺、運動覺認識世界。一開始父母會在嬰兒床旁放上可發出聲音的玩具，嬰兒一觸碰就會聽到聲音；或把玩具懸吊在高處，嬰兒觸摸時會擺動發出聲音，不斷吸引嬰兒的注意。這種從被動的反應到積極有意圖的反應，透過感覺運動而學習。此時期的嬰幼兒，從不見即不存在到感受物體恆存的概念因而產生，所以媽媽和孩子玩peek-a-boo，用手

感覺動作期（靠著味覺、觸覺等感覺認知）

遮住臉，一會兒露出一會兒掩藏臉部的遊戲方式，可以感受到孩子有沒有意識到「在」與「不在」的存在概念。嬰幼兒時期就會有模仿行為，能發現達到目的之手段，保育者可以藉由玩「手指謠」遊戲，讓嬰幼兒學習大人的動作而覺得有趣愉快。

感覺動作後嬰幼兒也開始準備思考，但屬於直覺性的運作思考。嬰幼兒認為萬物皆有生命，往往只知其一而不知其二，幼兒會運用語言、圖形或符號代表他們經驗的事物。碰到桌子而跌倒，自己痛痛，桌子也痛痛。小小朋友很愛說我媽媽、我老師、我的玩具、我的幼稚園，有以自我為中心的傾向，通常以直覺來認識外在

事物，只會做單向思考。因此，幼兒的學習都是由圖像、具體，才會轉到抽象，指導者在提供素材時注意要從具體到抽象。

四、情意的發展

　　發展心理學家艾瑞克森（Erik Homburger Erikson, 1902-1994）從社會適應的觀點來探討人格發展的歷程，他認為人類一生（whole life）會有次序的成長，經歷不同的階段，而每個階段在社會環境互動之中，由於成長的需求，會希望從人際之中獲得滿足，但另一方面又受到社會的要求與限制，可能形成心理適應困難的發展危機（developmental crisis）。人們自我發展學習，主要就是必須克服每個時期的發展危機。

　　在幼兒期會面臨三期，各期別對應的年齡與發展危機分別是，第一期是0到1歲，發展危機是信任與不信任（trust versus mistrust），這是指此期的嬰兒如果發展得好就會對人有信任感，若發展不好就會對人感到焦慮不安；第二期為1到3歲，發展危機是自主獨立對羞怯懷疑（autonomy versus shame and doubt），此時期的嬰幼兒若發展適應良好將能自我控制且有自信，若發展適應不佳則沒有信心且過度害羞；第三期是3到6歲，發展危機是主動對內疚罪惡（initiative versus guilt），此時期的幼兒可能自動自發且進取，或者畏懼退縮且欠缺自我價值；第四期是6到11歲，發展危機是勤奮對自卑（industry versus inferiority），此時期是學齡兒童努力的階段，適應良好者認真用功，適應不良者便會感到自卑。指導者應該取得孩子的信任，多多給予關心與鼓勵，讓孩子有多一點的自主性。

　　美國心理學家柯爾柏格（Lawrence Kohlberg, 1927-1987）提出人格的道德發展論（stage theory of moral development），他採社會已公認的習俗（conventionality）觀念評定道德發展。他認為第一個水準稱為前習俗時期，發展年齡約指10歲以下的孩子。此水準的第一個階段是服從與懲罰，這個年齡階段的小朋友總是關注自己直接的後果，例如，自己做錯了事可能會挨爸媽教訓。孩子們在意的是會不會被教訓，與社會道德無關。所以在指導過程中，如果孩子有不適當的行為，應讓孩子清楚知道，懲罰雖然會收到立即的成效，但無益於道德觀念的理解。

　　總而言之，0到6歲嬰幼兒的發展任務（developmental tasks）就是要完成生理機能的穩定，讓孩子能成為對人有信任感、有自主性、主動且勤奮，並學習判斷是與非的良知發展。

Chapter 3 幼兒遊戲理論

- 遊戲的定義
- 遊戲理論
- 遊戲的種類與發展階段
- 社會遊戲的發展情形

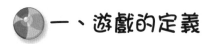

一、遊戲的定義

(一)定義與遊戲特性

遊戲是人類的通性，幾乎每一位幼兒成長的過程，都不需要靠別人教就會去做和日常生活有區別、有樂趣的活動，這種樂趣對幼兒身心有慰藉調適的作用，這就是幼兒在遊戲（play）。

【例】

夏令期間，幼兒園裏每日都安排了游泳活動，小謙因為怕水不願下水，還每天請媽媽跟老師說他不舒服。媽媽雖然鼓勵孩子勇於嘗試，但也不願意孩子在不情願的情況下參與玩水活動，於是就幫孩子寫了一份家長證明。老師也知道小謙其實是害怕嘗試新的活動，同意並問他是要在教室畫畫呢？還是和其他孩子一起到泳池處，只要在旁邊觀看其他小朋友游泳就好。

小謙選擇了在教室畫畫。第一天他很滿足於自己在教室畫畫的情形，第二天他開始不時地把視線飄向游泳池處，第三天他會遠遠觀望其他小朋友玩水的情形。某天，老師再邀約他，小謙也願意一試，但答應「只是到泳池邊看噢！」看著看著，偶爾開心起來，他會用腳或用手碰碰水。又過了幾

天他願意下水一試了！玩著玩著，他也和其他小朋友一起玩
「狗爬式」。兩個月的游泳時間就要結束，在最後一堂下令
玩水時間，老師發給每一位參與游泳玩水活動的小朋友用紙
做的小獎牌。

到了小學低年級時，學校每週五都安排孩子到游泳池游
泳，小謙也已經能和大家一起玩水了。小學三、四年級時小
謙已經學會游泳，而且游得不錯。

夏令時期幼兒園所的游泳活動

上述是一位孩子學習游泳的真實過程。藉上述例子，分析幼兒
「遊戲」的特性：

雖然有一種說法認為幼兒的工作就是遊戲，大人也會邀約孩
子一起玩遊戲，但多基於孩子自己願意、「想玩」的內在動機；也

就是說，幼兒遊戲是自動自發且自我產生的。遊戲不該是被迫指定去遊戲的，如果是被指定的，就會變成「工作」。幼兒參與遊戲是主動且是動態的，如果是被動或消極在旁觀看，則不算是遊戲。例如，單純看電視就不屬於遊戲。遊戲和工作是一種連續上的關係，有時候遊戲變為工作性質的遊戲，可以稱為工作。

遊戲是一種活動，有許多體能遊戲，「貓捉老鼠」、「老鷹捉小雞」等雖然都有傳承的固定玩法，但遊戲是不受外在固定的規則所限制；也就是說，孩子們也經常三言兩語討論過後就自訂而產生新的規則。遊戲的目的也經常因情境和材料的調整而隨意改變，幼兒玩遊戲不在乎規則上訂定出來的輸贏辦法，而是比較重視方式和過程，例如，誰是爸爸，誰是媽媽，劇情要如何發展，突然插入的夥伴可以當客人。孩童投入於生活空間，瞭解質感、重量、形式、空間等真正的感觸，其間過程勝於規則。

雖然幼兒遊戲的情境來自於幼兒的生活經驗，可以與真實世界相符合，但有時遊戲是可以不求實際的。遊戲充滿不切實際與想像的空間，孩子經常運用假裝的方式超越限制，例如假扮自己是太空人；例如即便手中沒有真實的物品，他們還是可以假裝手有東西；假裝有錢幣；假裝買東西。遊戲是孩童階段表達內心想法最好的方式。

幼兒會基於好奇想瞭解某些事情，因此會試著去探索及嘗試，因為他想知道緣由，像這樣的態度通常較為嚴肅，不見得是愉悅的情緒，稱為「探索」。探索行為是先找到答案後才可能覺得開心；而兒童遊戲的情境通常是已經瞭解了陌生物品後才展開遊戲，把經驗過的事融入或重複在遊戲之中，保持歡笑、愉悅及快樂的正向情感，遊戲就是要開開心心地玩。遊戲是幼兒到兒童階段學習的媒

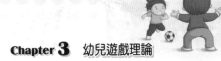

介工具。當找到答案時就會有歡愉感，而再現的活動就不須陌生探索，就可能成為遊戲。例如聽聽看這是什麼聲音，和其他樂器的聲音哪裏不同，瞭解之後便不再探索，下次再玩時就可以愉悅地操弄此認識的樂器。

根據以上所述，遊戲的特性包括是由內在動機引起的，得以自由選擇與主動參與，無固定規則應重視過程，可以假擬與超越現實世界，遊戲與探索行為有所差異，是愉快歡笑的。也就是說，指導者在指導幼兒參與活動時，必須注意到幼兒參與的興趣，引起內在「想動」的動機，可藉由生活周遭事物的聯想，偶爾來點結合電影卡通世界虛幻、非真實的成分，孩子仍能理解也感到有趣，例如把自己當成是冰雪奇緣中可愛的小公主，指導者可試著將探索的嚴肅與遊戲的歡愉融入於活動之中。

幼兒探索電話（探索的態度較為嚴肅，找到答案之後才會有歡愉感）

(二)運動遊戲

以身體動作所擁有的條件，即能走、能跑、能跳、能用身體做形狀、能保持平衡、手眼腳的協調等，需要體能上的能力，被稱為運動遊戲。這樣的活動偏向玩耍，孩子們常自訂規則相較輸贏，或以此決定角色輪替的方式，因為身體技能要求較多，因此在活動上往往能求得更令人興奮的樂趣。運動遊戲經常需要較寬廣的遊戲場所，擺放大型玩具、爬竿，韻律教室等大的空間才方便遊戲。

小孩之間自行約定誰先跑到哪兒誰就贏了，這樣的運動遊戲加強以嬉戲和樂趣為本質，無設定的目的性，其形式可以有競技、表演、挑戰性活動、虛構活動等；而參加者也可以在遊戲當中感到緊張、快樂、滿足和不確定性的經驗。

比賽玩耍（game）指具有規則和外在規範的活動而言，它的結構以參加活動者互相對抗，以決定勝負的活動為主。適時的給予孩子比賽競爭的情境，其實可以增加孩子間的互相合作、勉勵。一般來說，幼兒體能課和音樂律動活動中，老師們常利用比賽來激發孩子勇於學習與盡力付出的動機。

二、遊戲理論

(一)古典遊戲理論──遊戲的原因

　　人類為何要玩遊戲？19世紀至20世紀初有著重以哲學的方式解釋遊戲存在的原因和目的，被稱為古典遊戲理論。針對幼兒遊戲的原因，大致有下列的論點：

　　將遊戲視為人類生理能量的調節，當人類生理能量過剩時就會遊戲。也就是說，遊戲是消耗過剩精力而漫無目的的行為。有些活動支配權力機會，培養小孩責任感和要求小孩遵守嚴格的規矩，寄望成功的心可能因遊戲而減輕，遊戲中失敗沒有被看得這麼嚴重。相對於能量過剩的論點，是將遊戲視為一種儲存能量的理想方式。遊戲相對於工作，它讓人們能恢復疲勞的身心，然後再儲存能量，因為工作才是消耗能量造成疲勞的活動方式，要讓人類身心放鬆減輕疲勞，可以用睡眠，也可以玩「遊戲」來補充體力再儲存能量。以現今的休閒觀點，無論是大人還是幼兒，為了調節生活要消耗過剩精力，也需要再儲存能量以紓解壓力。

　　如同生物學家達爾文（Charles Robert Darwin, 1809-1882）的物種起源論、演化論或心理學之原型論點，兒童會遊戲是因為重拾史前人類和他們遠祖的興趣和工作，玩水、爬樹、和同伴遊戲來自原始的本能複演。人類乃經由動物演化而來，因此會遊戲是因為「本能」，為了生活求生需要不斷的遊戲，是一種「練習」，能幫助以

及加強學會應付日常生活的技能，也是消除原始動物性的本能。如此看來，遊戲被視為是練習未來生活必需技能的一種工具。

(二)現代遊戲理論——遊戲的功能

心理學從心理分析、認知與行為的觀點來討論幼兒遊戲是著重於遊戲的功能。心理分析學派是由佛洛伊德（Sigmund Freud, 1856-1939）為主的精神分析論演變而來，解釋人性與心理治療的基本理念。此派的觀點認為，遊戲是可以發現個體心理享樂主義促動，藉由遊戲來克服心理焦慮，滿足情緒需要，幫助兒童處理不愉快的經驗，幼兒會扮演警察、護士等角色達到認同的慾望。遊戲有時可以是一種防衛機制（defense mechanism），透過遊戲表達個人「痛苦」的經歷並能克服它。

發展心理學家艾瑞克森（Erik Homburger Erikson, 1902-1994）的觀點則認為遊戲對孩子而言別具意義，嬰幼兒在遊戲的小世界中操弄自己熟習的東西，這個小小世界如同是嬰幼兒的安全堡壘、避風港，可以自我調整自己的規律。兒童透過遊戲來達成願望以得到滿足，這種滿足有助於人格發展；透過遊戲，兒童發展了對生理和社會環境的支配力。

認知理論的兒童發展心理學家皮亞傑（Jean Piaget, 1896-1980）解釋，人類在發展過程藉由適應環境的活動中對事物認識與面對問題的解決方式。他認為同化（assimilation）是運用認識周圍世界的基本能力讓新知識與舊知識結合。認知主義強調知識的來源是瞭解人如何認識這個世界，進而才能瞭解人的行為，例如感覺、注意、知覺、意識、學習、記憶、思維、判斷等。在認知理論的看

法，所謂智力就是適應行為的組織能力，遊戲是個體對環境刺激的同化，是使現實符合自己原有的認知基本能力；遊戲不是學習新技巧，是適應與調整，透過遊戲的表達、練習，來鞏固孩子們以前看過和聽過的技巧，進而組織、熟練而發展認知能力。幼兒教育強調遊戲對身心發展的功能，「遊戲」這個名詞像智力一樣是幼童廣義的行為。

社會學家巴頓（Mildred Bernice Parten Newhall, 1902-1970）提出孩子在遊戲中社會性的階段進程，他的遊戲分類法一直被學者們沿用或加以修正，從悠閒（unoccupied）、旁觀（onlooker）的行為到獨自遊戲（solitary play），再從對等遊戲（parallel play）、聯合遊戲到能夠玩合作遊戲（cooperative play），學齡前的孩子在遊戲中的社交參與隨年齡而增長（Parten, 1932）。

 三、遊戲的種類與發展階段

(一)功能遊戲

從出生開始的自主遊戲，集中在自己的身體，以五感知覺與運動感覺的重複重現來模仿探索一切。接著集中在自己的養育者身上，觸摸母親的身體臉龐。媽媽們在搖籃邊掛上會發出聲響的踏板，嬰幼兒可以用腳蹬踏板訓練肌肉。聽到聲音刺激，又稱為練習遊戲，指重複反覆肌肉動作的遊戲。這樣的活動多發生於0至2歲間的感覺動作期。嬰幼兒長大後會喜歡盪鞦韆、溜滑梯等有速

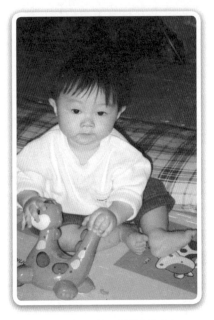
功能遊戲（練習抓握肌力）

功能遊戲（練習感覺統合）

度感的體能訓練，這些訓練可以整合感覺統合，並從小世界遊戲
（microsphere），像是玩手搖鈴、敲打玩具等建立自己的功能調整
自我。感覺動作期憑著感覺與動作發揮嬰幼兒認識世界基本能力的
功能，由本能性的反射動作發展到有目的性的活動。

(二)建構遊戲

　　零散的組件例如積木、樂高等可以拼裝成任何自己覺得喜歡
的東西，或是麵團、泥巴、沙與水等材料可抓、揉、搓、捏以塑形
者，像這樣可以有明顯目的藉由操弄物體或玩具建構或幼兒做出自
己喜歡的「作品」的遊戲，稱為建構遊戲。

建構遊戲（受限於環境所能提供的材料，堆雪人只能在雪地進行）

建構遊戲（玩沙，沙加水可形塑創作出「作品」）

建構遊戲很重要的是玩的素材，使用多元化的遊戲材料，伴隨機能性或者無目的的產生「創作」，例如堆疊積木、塗料、木匠工具、美術拼接構圖、玩麵團黏土、樂高、漿糊、沙和水等，能夠滿足兒童的創造慾以及對周遭環境刺激的配合。建構遊戲多出現於2歲，4、5歲時最為普遍。

運動遊戲看似比較沒有建構遊戲的特徵，但無論是捏麵團還是玩泥巴，可以訓練幼兒手部的肌力。音樂遊戲老師有時會將各元素組合成曲子，其實也是一種建構的過程。

(三)象徵遊戲

「我來做水餃，一個、兩個，你要買幾個？」幼兒假裝自己是賣水餃的，玩起餐廳買賣的過程；學幼稚園老師點名、發點心的樣子，抱著洋娃娃說「你不能再吃了喲！」「要蓋被被！」學著媽媽照顧他時所說的話；把書本擺在地上當作學生，自己在那兒教學生等等；是一種幼兒發揮想像力的遊戲活動，假裝自己是不同角色。這些角色是幼兒聽過、看過、經驗過的人物或事物，1、2歲嬰兒已經會表現象徵遊戲的行為，6、7歲時這樣的遊戲行為非常明顯。

這個階段能夠看似明顯，主要是語言的發展。語言在遊戲中占有很重要的角色。在文化傳承中，成人將生活經驗和解決問題的思維方法經由語言傳遞給孩子，當小孩在遊戲探索或者玩玩具時，會意圖用語言去發現這個玩具是什麼、怎麼玩、好不好玩？伴隨著語言去了解遊戲的象徵意義與自身的關係，以學得的語言為工具來適應環境和解決問題，促進未來認知的發展。語言在遊戲中可以用來模仿成人講話，以假裝、解釋、命令和討論的形式來處理怎麼玩。

當孩子假扮成別人的角色，模仿他們所接觸過的某種情境、行動，並模仿語言表達的方式，就形成社交戲劇遊戲，也就是家家酒遊戲。玩家家酒這類社交戲劇遊戲，代表孩子充分了解到某個東西與某個角色所象徵的意義，還能戲劇般地模仿扮演出來，可以說是象徵遊戲的最高發展形式。

(四)規則遊戲

「紅綠燈」遊戲是大家奔跑著同時，當「鬼」靠近時只要喊「紅！」跑的人就應該馬上止步，鬼就不能抓他；這樣的遊戲由小朋友決定用什麼方式分組、什麼樣的情境就可判定誰輸誰贏，誰當抓人的、誰當被抓的，這種有規則的遊戲可能是由父母或老師傳承的，也可能是孩子們自行討論出來的。

捉迷藏、球賽、下棋等，幼兒從中可以覺察到遊戲規則的存在，進而接受與服從遊戲的規則。國小階段的兒童對遵循規則以參與遊戲，這樣的行為趨向普遍。

但遊戲發展有累積著階段形式，後階段不斷的整合前階段。他們的內容通常來自於真實世界，兒童需要小道具、材料、空間或場地來做遊戲，其內容主要的模式是來自年長者，甚至媒傳節目。父母和指導者應該對小孩的遊戲品質更具敏感性。玩具的設計應簡單，以便孩子可以在玩具遊戲中找到相應的想像力，而非只是玩玩具本身。

四、社會遊戲的發展情形

前段提到社會學家巴頓提出孩子在遊戲中社會性的階段進程，主要是指幼兒玩遊戲時從人際互動的社會性發展角度來看。以下再彙整為下列進程：

(一)無所事事與旁觀

探索自己的小世界是2歲前孩子的生活重點，對「世界」的認識來自感覺動作，沒什麼特定的事情、到處閒逛、看起來「無所事事」，顯現的行為是玩自己的衣服、餐具或身體；觀看自己瞬間感興趣的事物，稱不上玩；不加入別人，只是坐在旁邊或站在旁邊；跳上椅子跳下椅子；爬樓梯上上下下；原地扭屁股轉圈圈；坐在保母或指導者身邊看大家。

約在2歲前的嬰幼兒通常喜歡在一旁觀看別人玩，偶爾和遊戲中的孩子說話，但自己沒有實際參與那個遊戲，只是看別人玩、問問題，還會給建議，也會站在旁邊或坐在旁邊觀察特定的幼兒，而不是瞬間感興趣。

幼兒旁觀時大部分時間在觀看其他人玩遊戲，坐在旁邊就可以聽得見、看得見那群孩子在什麼地方玩什麼。

(二)單獨遊戲到平行對等遊戲

2歲至2歲半幼兒會單獨一個人玩，玩的材料和鄰近孩子不同，不在乎周圍其他的人在做些什麼事，感覺像是處在自己的世界。在這個小天地有自己可以控制的玩具和事物對象。單獨遊戲的快樂來自於對玩具的探索與玩具的擁有。

遊戲是孩子社交性發展的重要媒介，孩子從最初單獨一個人玩而沒有別人加入，進入同樣是單獨的遊戲，但開始有機會和別人處在一起，2歲半至3歲的幼兒喜歡玩遊戲，但大多時間各玩各的，真正的目的在於互相聯合和其他同伴玩相同和類似的玩具，可能有短暫交談，但沒有意圖和身邊的孩子一起玩。

(三)聯合遊戲到合作遊戲

3歲到4歲半的幼兒在玩遊戲時會短暫交談、會借用玩具，但沒有分工和共同的目標，仍以個人興趣為主，沒有共同的活動或分享遊戲的成果。

大家一起通力合作討論，彼此的動作有關聯，交談有交集的話題，互相完成一個目標。這樣通力合作的遊戲通常在孩子4歲半後發展。因此，中大班的幼兒開始會共同玩體能遊戲；音樂律動等活動也可以規劃幼兒間共同合作的教案。這樣做，幼兒間可以互相影響，共同完成創造性的遊戲，以表現成人團體生活的情形，達到某種比賽較勁的目的。有時候是為了達到某種物質上的成果，例如給予幼兒特殊的讚美，使其為了錦標而努力。

　　現在少子化的社會現象嚴重，要有機會讓孩子參與合作遊戲，通常需要仰賴幼兒園的團體生活，或參加坊間固定的舞蹈班、音樂團體班、幼兒體能訓練等團體。

　　雖然各種文化背景的健康兒童都能遊戲，不同文化的孩子玩的遊戲也可能不同，但遊戲是孩子的天性、生活經驗的反映，透過遊戲無論嬰兒、幼兒或是兒童都得以藉其瞭解世界，促進孩童體能上、知識上與情意面的發展。指導者可按部就班從「我們今天來玩，好不好呀？」的引導方式，讓不想參與的孩童可同意其先以觀看的方式融入，接著提供玩具、遊具讓孩子體驗；當孩子從觀看到獨自完成活動都可以進入情況後，再給予互動合作與競爭的教案。

Chapter 4　幼兒音樂教育

- 達克羅茲音樂律動教學法
- 鈴木教學法
- 奧福教學法
- 高大宜教學法
- 小結

一、達克羅茲音樂律動教學法

(一)達克羅茲音樂律動的理念

達克羅茲音樂律動教學法是一種音樂教學，主要是指出音樂的教學策略、教學方式與方法。它在音樂教育上主要是強調以身體律動來感受與學習音樂，建議無論是幼兒園、小學，甚至中學，要經常提供律動課程。

達克羅茲教學的方式是由動作來引領介紹對音樂的概念，它認為對音樂的思考可以從身體開始，然後透過身體表現出來。學習音樂者經常忽略了身體的重要性，但達克羅茲教學法的策略是主張身體是感受與表現音樂重要的元素，所以音樂的教育要從身體對音樂的反應（即「律動」）作為指導教學。

(二)達克羅茲教學法的濫觴

達克羅茲教學法（Dalcroze eurhythmics）由瑞士作曲家達克羅茲（Émile Jaques-Dalcroze, 1865-1950）開發，他是出生於維也納的瑞士籍作曲家。達克羅茲的母親是一位音樂老師，所以他自小就接觸音樂。1877年，他曾經進入音樂學院學習音樂，但他本身不喜歡音樂學院中那種不關心學生興趣，只要求教育規則的教學方式。1881年，他加入了一個致力於表演寫作音樂演奏的學生團體，他開始對撰文有興趣。某次他關注到阿拉伯民間音樂有不同節奏的表達，他因此

開發了一種新的音樂符號。於1892年在日內瓦音樂學院開始了他的職業生涯，他開發測試許多具有革命性與影響力的教學觀念。

　　1903到1910年期間，他公開講授他的方法。1910年，他接受了贊助成立了學校。許多音樂家及20世紀著名的舞蹈家，像是發明舞蹈記譜法的舞蹈研究家魯道夫拉邦（Rudolf von Laban, 1879-1958）、現代舞蹈家瑪莉魏德曼（Mary Wigman, 1886-1973）都曾在達克羅茲的學校學習。不過，第一次世界大戰讓他的學校被迫放棄，到了第二次世界大戰後，他的想法被英國學校重視。

(三)達克羅茲教學技巧

　　自創的律動（eurhythmics）是達克羅茲教學法的特色，運用視唱練耳（solfège）作為音樂訓練。由於許多學音樂的孩子都只是機械性的去理解音樂，並未真正的瞭解音樂，欠缺對音樂的敏感度，以至於無法理解音樂的理論、無法創作簡單的旋律，這些欠缺音樂敏感度的問題影響他們的表現。律動是指用肢體來感應音樂的元素，例如速度、力度、長短、重音等，讓孩子訓練聽覺還有直接體驗音樂。指導者發展更多的聽覺、創造、想像、連結、記憶、閱讀和寫作的技巧，讓學生擺脫心理與身體、感覺與表達間的衝突，讓學習音樂者能有更好的表演和詮釋音樂的能力。

　　有關音樂的音調（pitch）、節奏（rhythm）、力動（dynamic）三個基本元素，達克羅茲是根據他的認知，其中節奏與力動完全仰仗動作（movement），學習者接受音樂訓練的第一個樂器應該是身體，比如用自己的腳來敲擊節拍，視唱練耳（solfège）來訓練耳朵、身體、語言與歌聲，將聽覺與身體的反應相結合，轉化為在唱歌和

讀譜時的身體反應。

　　教師基本上應該要有鋼琴即興（improvisation）的創作能力，以及即興演唱和旋律演奏的能力。指導者從動作中找素材，編創簡單的音樂形式，啓發學生創造性、聽覺、視覺、運動覺、觸覺的能力。

達克羅茲「練耳」與律動（摘自*Dalcroze Today*, 1991）

幼兒律動（肢體感應音樂元素，聽到聲音搖擺身體）

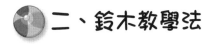 **二、鈴木教學法**

(一)鈴木教學法的創始理念

　　鈴木教學法其實是一種「理念」的實踐方法，是以音樂培育心靈豐富的人，強調音樂學習的功能。此教學法原來的目的是欲以「音樂」豐富孩子的心靈，提升孩子的自信，可以說是人格教育的養成方法。

　　因為創始者鈴木鎮一是一位小提琴家，所以他利用他最熟悉的小提琴教學作為示範的方法來實踐他的理念，所以現在推動此方法的協會團體，其主要的活動還是音樂教育活動。

　　此方法重視才能發展，強調母語的影響。鈴木認為才能並非與生具備，人們從環境中學習，所以人們的能力是根據環境所養成，小孩子以反覆的經驗與漸進的方式育成能力，每一個孩子如果教導得當都能夠獲得高水準的音樂成就，培養下一代高貴的心。所以，音樂教育的重要性是培養人們真正優美的心靈和感性；人的才能是靠培養才能成為有高度才能的人。

(二)鈴木教學法的發展簡介

　　鈴木教學法（Suzuki method）是由日本公益社團法人才能教育研究會（Talent Education Research Institute）普及推動的教育方法之一。由20世紀日本的小提琴家鈴木鎮一所創始，在日本、美國展開

教育活動，目前是世界公認的重要教學法之一。

鈴木鎮一（Dr. Shinichi Suzuki, 1898-1998）是日本小提琴家，他的父親創立了日本第一個小提琴工廠，也就是鈴木小提琴製造的創始人。1932年，鈴木鎮一在日本帝國音樂學校教授小提琴，當時一位父親帶著4歲的江藤俊哉請鈴木指導，鈴木認為教音樂和母語一樣由耳朵開始，而確立母語教育法。1946年在日本長野縣松本市開設松本音樂院，全國幼兒教育同志會發足，兩年後改稱才能教育研究會，1950年受到日本文部省的認可，研製至今成為鈴木教學法的主體。1964年以來鈴木每年帶著10名5歲至13歲的孩子在海外演奏旅行。1975年，鈴木率領100位日本兒童會同美國100名兒童在甘迺迪中心舉行日美親善演奏會。

現在日本鈴木教學法的教室還包含小提琴、大提琴、長笛、鋼琴等教學，但仍以小提琴為主體。

(三)「鈴木教學法」的指導方法

鈴木教學法重視聽力的練習。他認為音樂教育和語言教育一樣要從耳朵開始育成。家長和指導者應該提供具備聽力欣賞的環境，每天在家中要有時間聆聽專業音樂家的錄音，如果可能，從胎兒時期就可以做起，但避免去聽有關音樂能力檢測的聽力測驗。

語言是從「聽話」才會讀書的，音樂也是應該從聽音欣賞開始學習，聽了旋律然後專注於演唱技術的練習。

鈴木強調早期教育，也就是教育應從小就給予好的環境。鈴木認為音樂學習應該從小開始，以小提琴學習作為一種示範，樂器按照比例縮小以適應身體，學齡前的兒童可以學習彈奏小提琴，且發

展出一種小提琴拉奏技術，讓孩子能夠學會辨識，並製造出美麗且響亮的音質。約3至5歲就該給予正式的教學，一開始透過閱讀書寫的音樂符號來強調學習音樂的樂趣，但要強調正確性，並要求學習不斷反覆持之以恆。

鈴木的方法大力鼓勵定期性的團體組織活動，也就是定期集體上課，包括孩子們能在一起玩。學習音樂的初期階段不會使用技術性的技巧評量，而要集中於表演上；頻繁的公開演出，能使表演變成是一件很自然且愉快的事，像是一位小小音樂家。表演並不是為了讓表演者彼此產生競爭的態度，而是倡導每一個能力和水準的人都能協力合作與互相鼓勵。不過，為了提高技術和音樂能力，每次的評論作品與預覽預習部分經常用於代替更傳統的書面評價。

在教材上，鈴木音樂教學專注於巴哈、海頓、莫札特等耳熟能詳的西歐古典音樂，因為他認為這種音樂有助於跨越文化和語言障礙，人們不必分種族或作曲家的國籍來學習音樂或者分享音樂。

指導法強調示範是孩子能保持興趣與動機的方法。教師必須讓孩子透過接觸、模仿、鼓勵、重複、提高品味來引導音樂的學習。例如，學過小提琴的都知道鈴木將〈小星星〉（Twinkle, Twinkle, Little Star）這首全世界孩子都聽過的曲子在主題中創作了一系列的節奏變化，讓初學者可以快速掌握且充滿樂趣。所以教師的指導應允許學生做音樂，幫助孩子們用短而有吸引力的歌曲來激發孩子的動力，使用共同核心曲目，這些歌曲本身可以作為建構技術的練習。

孩子的學習靠父母創造學習音樂的環境，讓孩子在愉悅的氣氛中認真學習，如此孩子才能充分利理解，所以家長和老師會同的社會性環境要保持高度水準，提供孩子正向的環境，例如，參加當地的古典音樂會，發展與其他學生的友誼，只要受到好的音樂培養，

就能在音樂領域上有表現能力。

三、奧福教學法

(一)奧福的理念

奧福教學法是一種音樂教育方式，像是以「遊戲」的方法，利用「遊具（樂器）」讓孩子「玩中學，做中學」，能愉快地學習音樂。具體而言，奧福教學法是以兒童為中心的音樂學習方式（child-centered way of learning），它使用非常基本的日常生活形式，透過「做」來學習，以學生的音樂創作為目的，其教學方式著重於兒童們參與不同的音樂活動和實際的演奏，來體驗音樂帶來的快樂感。

(二)奧福音樂教學法

奧福音樂教學法（Orff schulwerk）是20世紀由卡爾‧奧福為主所開發的一種音樂教育方法。卡爾‧奧福（Carl Orff, 1895-1982）是著名的德國作曲家，他為兒童設計學習音樂的教學方式，是個著名的音樂教育家。他將音樂、運動、戲劇和言語結合成類似兒童遊戲世界的課程。這種方法被稱為奧福教學法（Orff approach）。

1923年奧福在慕尼黑工作時遇到對體操與藝術有廣泛背景的舞蹈家歌特女士（Dorothee Günther）。歌特認為大多數的學生都沒有機會體驗藝術和音樂的活動，因此創辦了歌特學校，雖然沒有直接的合作，但此機構被稱為第一所奧福學校（Orff schulwerk）。現

在，奧福教學法在世界各地廣泛地被用來教導學生。指導者透過全球不同國家的奧福協會，可以參與加入協會報名課程學習，若通過奧福協會的方法學習可以獲得認證。

(三)奧福教學的指導原則

利用太鼓、手搖鈴、響棒、手鼓、木魚等打擊樂器是奧福教學法的特色，打擊樂所擊出的節奏可以說是人類表達的天然基本形式。在兒童的成長過程中，重視韻律樂器是很重要的，應選擇適合兒童肉身和近身的打擊樂器為主，而不是為了追求高度技術使用大人的樂器。剛開始可以選擇音階少，例如小型的木琴、鐵琴敲敲打打，就可以和朋友合作奏出簡單的樂曲，那份與樂器、朋友的親近感會讓孩子在不知不覺中自然感到樂器的魅力。

奧福教學法要求兒童配合旋律節奏，經由唱歌、誦經、拍手、跳舞、拍拍和按摩手指的方式學習，學生單獨唱歌、演奏樂器和舞蹈，讓教授孩子的教材是基本的、自然的、接近孩子的幻想世界（basic, natural, and close to a child's world of thought and fantasy）。在教材方面雖然有基本的原則，但沒有系統的逐步程序要遵循的曲目，以本土素材為主，選擇具有強烈民族風格的民間歌曲或音樂、童謠，到孩子自己創作的歌曲，利用元素音樂製作（elemental music making）以分組表現節奏、旋律到和聲，如此組合起來的作品雖然是簡單的節奏模式，但卻富有變化，也就是說非常簡單容易學習卻具備優美的音樂形式，具有普遍的吸引力。

教師必須創造一種類似於孩子遊戲世界的氛圍，讓參與的孩子感覺舒適且沒有壓力，才能學習到抽象的音樂技能，探索樂器與音

樂技能，也要享受集體創作的樂趣。由指導者引導，鼓勵學生享受作為個人和集團的音樂，讓兒童實踐團體協調和凝聚的樂趣。這樣的教學，孩子不會感到壓力，教學方法才有效。

教師的指導有被立定的清晰模式和基本過程，教師先將活動分解為最簡單的形式，然後介紹這些步驟，最終成為一個完整的表演。教師的直覺與創造性要用來指導其音樂的理念與組織。

教師的培訓透過模仿、探索、即興和組合來完成。教師間先重複玩他們所玩過的素材，然後探索聽覺口語技巧與身體能力的運動和表達，然後學習音樂符號，要熟習音樂形式教授的技巧，例如主要旋律能反覆出現的ABA形式，即A段演奏完後接B段，然後再重複演奏A段；或者迴旋曲（rondo）形式，即有一段副曲A段，每奏完一段曲子就出現一次副曲A，形成ABACADA……這樣的音樂形

幼兒擊太鼓（成長過程中重視韻律樂器，在「玩中學」）

式。即興在具備初步知識與概念的理解後，學習在舒適的環境中創造自己的旋律。

 四、高大宜教學法

(一)高大宜教學法的理念

高大宜教學法是倡導以兒童歌唱為主的教學原理。強調音樂教育是生活中不可或缺的一部分，也是人與生俱來的權利。學習音樂最自由且可以接近的最好教學工具就是——人聲。

孩子學習音樂最好的途徑是要參與，透過聆聽、唱歌或運動等方式引入音樂概念，熟悉一個概念後再運動、唱歌和練習，從他們的經驗中去理解音樂，不斷審視和加強概念。高大宜教學法是根據孩子的能力，使用兒童發育來排序引入技能，引入新的概念要從最簡單的方法開始，再進展更加困難的。兒童音樂教育必須仰賴指導者，音樂教育制度更需要好的指導者，他們必須是最好的音樂家和教育家，需要規劃更好的課程和更多的上課時間。

(二)高大宜教學法的簡介

高大宜教學法（Kodály method）的創辦人高大宜（Kodály Zoltán, 1882-1967）是匈牙利人，哲學與語言學博士，作曲家。在他童年時雖然學了小提琴，也參加過聖歌隊，也寫過曲，但並未真正接受過有系統的音樂教育。在他18歲學習現代語的同時，也開始

正式學習音樂。1925年他在唱了一首為兒童合唱所寫的曲子後，對音樂教育起了很大的興趣，因此寫了很多教育用的曲子，之後這些曲子也有結集出版。高大宜的研究對無論匈牙利內外的音樂教育均產生重大的影響。雖然評論家們將這個方法叫做「高大宜教學法」，但實際上高大宜所要闡述的是要理解音樂的教育原理。

高大宜專注於民謠的研究，多年來持續蒐集和抄錄民謠，寫了不少有關民族曲的論文，並在大學授課，和學生討論民族音樂的歷史與意義，是民族音樂學的重要人物之一。1973年，召開了第一次專門討論高大宜教學法的研討會，且基於高大宜的方法在全世界使用，現在世界各國也普遍採用高大宜的教學方法。

(三)高大宜的方法

高大宜教學法包括19世紀法國理論家創造的節奏音節。四分音符由音節ta表示，八分音符對使用音節ti-ti表示，較大的值表示其延續的時間將ta變成長音ta-a，這些音節在觀察閱讀或以其他方式執行節奏時使用；同時，高大宜教學法也受了達克羅茲教學法技術的影響使用節奏運動。高大宜也認同運動是節奏內化的重要工具，增強新的節奏概念，使用步行、跑步、行進、鼓掌等各種節奏運動。這些可以在聽音樂或唱歌時執行，一些歌唱練習老師發展合適的節奏動作來伴奏歌曲。

高大宜教學法在節奏順序和符號上提供新的教學點子。高大宜基於民謠的節奏模式，將節奏的方式以兒童發育適應的方式來引入，例如，教導的第一個節奏值（rhythmic value），也就是音符時值，是四分音符和八分音符。四分音符的節奏剛好是身體動作走步

的節奏,而八分音符是小跑步的節奏。「節奏」要先透過聽節奏、節奏音節、唱歌和演奏各種節奏運動來體驗。只有在孩子內化「節奏」之後才引入符號,所以高大宜教學法使用節奏符號方法僅在必要時寫符頭,如此一來,孩子較容易學會音符的記錄方法。

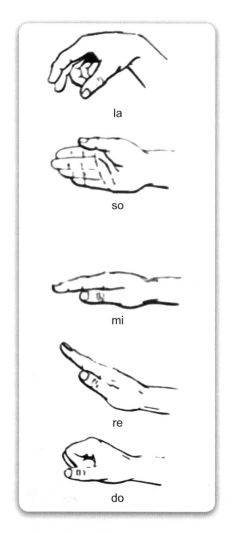

高大宜教學法手號(摘自*Kodály Method*,1988)

高大宜的兒童歌唱教學法是採以相對於音高或首調唱名法，因為可以指出音調和和聲的功能，這樣的唱歌教學在英國合唱的傳統訓練中被充分的發展，高大宜是到英國訪問時首次接觸這種技術。這種教唱法由Sarah Glover創作，並由約翰庫文（John Curwen）創作成活動系統，成為合唱訓練的一部分。此外，高大宜教學法強調相對高音，發現移動的做法有助於發展一種音調功能。高大宜的教學還運用手號（hand signs）作為教唱法，類似指揮運用手勢引導學唱教學，手勢的高低代表音的高低，手形則暗示音的特性，所以這種方法是指導孩子可以從手號中理解音的概念。

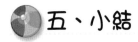 ## 五、小結

綜觀上述，音樂教育的方法都重視聽力。「聆聽」強調音樂上的學習需要培養專注與敏感辨識的能力。此外，重要的音樂教學方法都強調配合身體律動的學習，身體是最方便的樂器，透過律動的身體可以培養對音樂的感受與切適的表達能力。

幼兒體能與律動的指導者並非音樂專業的指導者，因此對音樂教學的細節可能並不純熟，但無論哪一種教學方法往往提示了重要的教育原理和得以運用提供變化的素材。例如，達克羅茲開啟以律動來學習音樂的方式，奧福、高大宜的教學方式也採用律動活動，依循達克羅茲的教學認為，身體律動能夠引導幼兒對音樂的概念。高大宜教學採用手號運用，這也代表了肢體語言可以吸引孩童的注意力與理解。奧福音樂教學法和鈴木教學法都期望孩童有機會得以團體交流方式來觀摩與練習。奧福音樂教學法和鈴木教學法不同的

是，奧福教學法沒有系統的逐步程序要遵循，在沒有指定教材的情況下，指導者本身編創教材的能力與創造力，以及對教學準備的付出與指導的熱忱是非常重要的。高大宜和鈴木的方法強調透過聆聽，也強調配合孩子的發展與程度，在孩子熟悉一個概念後再不斷加強概念的依序教法。奧福和高大宜在教學素材上強調近身熟習的本土素材，鈴木教材以世界通用的名曲爲主，各有其立意。

　　任何一位老師，除非特別尊崇某一種教學法，否則都應該具備準備教材與找到自己理想教學方式的能力，參考各個教學法的優點或別人指導法的優點，能夠編創教材，創造出自己的教學法與指導風格。

Chapter 5 動作學習的層級與階段

- 動作學習層級
- 動作學習發展階段
- 動作學習的内容

一、動作學習層級

運動、舞蹈與音樂都需要動作技巧的學習。報名過任何才藝班的課程者都知道，學習可以分為初學者入門、基礎進階、高級精熟等層級，是依照學習難易程度的內容給予分級階段，動作的學習也可以分成不同的階段。

(一)初級的學習

入門與新手都是被稱為初級的程度。對幼兒來說，所有技能的初級學習會以對學習項目的探索為主，也可能對此項目使用到的道具或器材裝備會開始接觸，有時為了激發幼兒興趣，會給予適當可觀賞的欣賞課程。通常2至5歲的幼兒學習動作，大致也都還算只是初級層級。

對初級層級的孩子除了模仿學習，也對要學習的事物充滿好奇。指導者在指導新手初級的幼兒必須像是一位親切的解答者，給孩子多一點的提問，多一點的探索，例如：「這是什麼動作？」「可以怎麼做？」「這個動作要用在哪裡？」「接球，需不需要舉手？」「手要不要舉高？要不要跨一步？」「如何捉？如何握？」「要對準什麼點可以擊中？」「紙做的、塑膠做的、纖維做的、布做的器材材質用起來哪裡不一樣？」等，這些動作概念的初步認識與探索是初級課程的一部分。以下是兩個真實案例：

【例一】

　　媽媽帶著5歲大的柔柔到舞蹈社。進到舞蹈社裡面看到每一位小朋友都穿著粉色有紗裙的舞衣，跳著美妙的舞步，柔柔羨慕極了，似乎真的好想跟著去動。

　　媽媽問：「柔柔，妳想學嗎？」柔柔靦腆的點點頭。此時，指導老師也過來詢問柔柔妳想要跳嗎？可以跟著我們一起跳喔！老師牽著柔柔的手，幫她找了一個適當的位置讓她跟著大家學習。柔柔雖然動作生澀，但很專注地跟著大家一起動。就這樣柔柔參與了第一次舞蹈體驗課程。

　　下課後，媽媽很正式地問了柔柔：「妳要學嗎？」柔柔則很肯定地點了頭。買了舞衣回到了家，柔柔興奮極了，期待下次上課的到來。在等待下次上課的每一天，都可以看到柔柔在家裡的空地，不時地跳著舞蹈。

【例二】

　　最近小小男孩都流行去學街舞。因為朋友的孩子佑佑和自己的孩子謙謙同齡，偶爾也在一起玩，由於佑佑有在學街舞，所以媽媽也帶著孩子去看看。心裡想，如果謙謙願意學習，小孩子藉著跳跳舞，鍛鍊一下體能也是不錯的事，何況有佑佑作伴，謙謙應該會想學。

　　到了舞蹈教室，教練允許謙謙在旁觀看，原本在旁靜靜觀看的謙謙因為教練教了一些有趣的動作技巧，謙謙也就跟著

想動，況且朋友都在跳呢！於是就在教室的角落邊試著做。不過，教練可能考量謙謙沒有暖身，在教室旁邊做動作也可能危險，所以出言制止。謙謙因為教練的制止不敢再動。

下課後教練並沒有試著和孩子溝通，也完全沒有要和謙謙或家長聊聊的意思。結果是謙謙沒想再去看，當然之後也就沒去學。

上述是兩位幼兒準備去學舞蹈的真實例子，事實上很多父母帶著孩子準備「新手入門」要開始學習時都是這樣的情景。要培養初級的新手學習者對學習運動的興趣，對姿勢、動作、表象的印象，包括上課的正式服裝、上舞臺會穿什麼服裝、競技場穿什麼服裝，無論是專業者的形象、非專業「玩家」的形象概念等都能引起孩子的興趣；對於即將接觸的空間環境之認識或正式學習會接觸的環境，例如健身房、游泳池、舞蹈教室、音樂教室也可以開始探索與認識。

初級的學習內容必須包含基本的走、跑、跳躍動作的概念與道具的認識，例如，韻律體操要先學習徒手的各項基本動作，像是柔軟波動的動作、平衡的動作、轉圈圈的動作、跳起來的動作；然後學會操控球，接下來還會操控到環、棒、彩帶、繩等手具，而這些手具的重量、大小、用力的程度可以決定做出什麼樣的形狀，它為什麼會這樣，自己與這個道具的關係等，只要我的手如何揮動，彩帶就會揮出什麼形狀。這些動作所需要的基本動作與操控方式是新手初級者應該嘗試的，也該認識方法，但過多的挫折感和毫無探索與挑戰的感覺，孩子就會失去興趣。

新手入門的幼兒從探索開始

　　初級層級的孩子需要對學習的內容多一點認識與想像，誘發學習的動機，特別是讓孩子對此保持興趣，指導者與教練和家長有很大的影響。很多孩子在初期時都充滿著好奇，學習的興致極高。小孩子學小提琴，第一次看到小提琴，心裡想著要怎麼樣可以讓琴發出聲音，怎麼樣的站姿是老師要求的；第一次老師教孩子拉〈小星星〉，孩子感到開心、家長感動；但過不了多久，小孩就覺得要練習很煩，要站著拉琴很累，小提琴就是長得這樣的一把琴，也不是隨便拉就能拉得好聽，開始沒什麼興致要學習。很多家長看到孩子失去了興致，有時也就跟著放棄了。所以不妨帶著孩子去欣賞音樂表演，或去參加團體活動的觀摩，換個學習的方式。

(二)中級的學習

　　學習層級到了「中級」時，指導者或學習督促者需要給予學習者有練習的時間，去熟練動作和反應。由於練習需要多次地反覆操作，所以指導者要有足夠的觀察力注意到學習者在反覆操作下其

動作是正確的，才不至於受傷。對於練習頻度的控制、足夠的觀察力，引導孩子做出正確的姿勢是很重要的。不過糾正孩子動作時，不要輕忽指導者或學習督促者自己也有責任讓孩子能持續願意學習，不斷產生興趣的動力。通常7至10歲的小學低中年級孩子學習動作已達到中級程度，所以老師可以給予回家功課，讓孩子回家後也能完成體適能或動作方面的學習。

中級的動作學習可以開始嘗試較多樣的組合與應用，例如，兩個基本動作接續做，或道具與身體動作的連結等。引導孩子順著情感自然動作，但其動作看起來不會彆扭不協調，然後練習達到順暢協調；如果是樂器的演奏，不會因為身體擺動而影響了音準。

中級的學習由於已累積較多的動作，可以組合成為小品，可以愉悅的表現。多參加觀摩與欣賞的活動，孩子能找到模範與欣賞羨慕的典範，可以給予心理上更多的刺激與正向心理的建設。

(三)高級程度

動作學習的程度到了被稱為「高級」者，通常已經有能力可以登臺表演或參加競賽活動了，或者是此運動項目已經足夠作為生涯的休閒活動之一，此時，可以表現自我的特色或較個性化的特徵。有時會遇到困境、會碰到瓶頸，可能需要指導經驗豐富的「大師」做更精細的指引或表現上的建議；心理性的障礙則需要尋找諮商人員適時的輔導，以克服並突破生理與心理上的障礙。

表5-1　動作技巧學習的層級和階段性學習內容

動作技巧學習的層級	略估年齡	動作學習的階段性內容
初級／新手級 beginning/novice level	約2至5歲	1.初步的認識與探索 2.基本動作嘗試、使用道具、所處環境的認識 3.學習內容的認識與想像，誘發學習的動機與興趣
中級／練習級 intermediate/practice level	約7至10歲	1.有時間去練習以熟練動作和反應 2.嘗試較多樣的動作連結、組合與應用 3.觀摩與欣賞，找到羨慕的模範與典範
高級／微調整 advanced/fine-tuning level	青少年以後	1.表現自我的特色、展現個性化的特徵 2.參加表演、競技比賽 3.接受更精細的指引或表現上的建議 4.心理性的調整，克服並突破身心困境 5.培養成為終身的休閒活動

二、動作學習發展階段

(一)初始階段與基礎階段

從2至7歲是動作技能習得的基本階段（fundamental movement phase），也是熟練基本動作技能的最佳時機。

認知發展上在過了感覺動作期後，就不是單純仰賴身體感覺器官在學習，而是進入前期運思的學習，因此可以開始在思想上給予身體基本動作的探索，灌入一種對肢體動作的概念與感性的教育。通常動作與音樂的學習都強調早期教育，較早的起步，頂尖的運動選手生理的顛峰時間都在10幾至20歲，音樂也是一樣。

2至3歲的幼兒拿到水球就會丟、拿到氣球就會拍打、看到小車

車就想騎，所以在發展基本技能的始初期會開始嘗試表現一些可觀察以及目的化的動作。然而這個階段的特質是動作比較粗糙而不協調，稱為初始階段（initial stage）的年齡。這個時期的幼兒也許對父母而言，會覺得他們已經開始會投、會接、會踢或愛跳等，在動作的發展上已頗有表現了，但看在指導教師或教練的眼裡，仍會覺得他們少了某種成熟樣態的主要部分，也就是動作執行顯得有些亂無章法，看起來總是過度誇張，要不就是不夠放得開。

3至5歲左右的幼兒其動作能發展到跑跳玩耍的成熟樣子，主要是仰賴增齡生理成熟的因素。這個年齡階段的幼兒是一個「從初步到有樣子」的轉換期，他們動作的協調與節奏會有所改善，也較能有效的控制動作，是典型的基礎階段（elementary stage）。但是此時期的動作總有些怪怪地，也缺乏流暢感。學前幼兒及小學時期孩子的發展性體育（體能）課程重心應是透過各項不同的基本活動，協助他們由基礎階段躍進至下一個階段。

許多成年人的基本動作能由初始階段進展到基礎階段，完全是依賴生理成熟的因素，如果因為缺乏後天給予練習的機會，也沒受到支持與鼓勵，也沒有機會接受指導，那麼有可能會永遠達不到更精進的下一個階段了。

(二)成熟階段

將一個動作模式所有的成分加以整合，使動作有條理也能有效率地完成表現，就是動作的成熟階段（mature stage）。大約6至7歲大的孩子會達到此成熟階段。當然這樣的狀況也會因人而異，有人發展較快，相對有人發展較慢。

表5-2　幼兒動作學習發展階段

	始初階段 （約2至3歲）	基礎階段 （約3至5歲）	成熟階段 （約6至7歲）
低平衡木 low balance beam	支撐才能維持平衡 慣用腳帶頭行走 眼睛注視著腳	容易失去平衡 少數調整性動作 只敢向前走	任意腳開始 視線放在平衡木上方 雙手用來維持平衡
身體的滾動 body rolling	頭接觸地面 身體無法維持緊縮	動作不完整 頭仍觸地 身體彎曲度不夠 一次只滾一個	頭部輕輕接觸地面 身體緊縮 會用手臂 動作連貫 可連續滾
跑 running	兩腳同時離地的飛 程不明顯 支撐腿伸展不完全 手肘擺動不靈巧	步幅、步頻和速度 增加 飛程有限，但可觀 察得到 蹬地的腳伸展 手臂的擺動增加	兩腳跨開的步幅加大 飛程明確 速度明顯增加 蹬地的腳伸展 手腳動作協調
躲避 dodging	動作零碎 身體僵硬 膝蓋微彎 腳經常交叉 沒有假動作	動作協調且有假動 作 會有一邊的動作優 於一邊 過多垂直力量 偶爾腳會交叉 動作稍有彈跳	預備時身體稍向前傾 方向變換清楚 每個方向都做得不錯 動作協調輕盈 會假動作
投擲 throwing	力量從手肘開始 腳太固定或刻意移 動	身體及肩膀會轉動 同手同腳投擲	自足、臀、腰、肩轉動 踩出投擲手的對稱腳
接 catching	手臂位置在前方 用身體去停球 手掌向上 不習慣「接」的動 作	接球時眼睛會閉起 來 用整個手臂去停球 接球時機不對 手、眼、腳動作不 協調	手臂放鬆 前臂在身體前方 調整手臂去迎接球 會看球的飛程接球佳 手指有效的運用
運球 dribbling	用雙手運球 運得太高	手拍球、手掌接觸 球 用視覺拍球 控球能力有限	身體微前傾 球在腰部高度 可不用眼控球

如果先前的動作學習的狀況不錯,那走、跑、跳、投擲、捕接、穩定平衡等運動能力就都具備了,那麼6、7歲大的孩子會對自己的運動能力感到肯定,不但不排斥活動,更會對很多需要用到身體動作技巧的活動充滿興趣,也渴望學習新的運動技巧。如此一來,孩子就能在很多運動項目中大展身手,享受其中,喜歡運動會,喜歡跑步,喜歡學籃球、羽球、排球等,興趣廣泛,在多樣的運動項目中都能開心參與。一個成熟階段的基本技能亦能不斷地精緻化,進而與其他動作技能相配合。

(三)轉換階段

如果一位孩子在幼兒期間能將丟擲、捕接、打擊或操控某種運動器具,都能控制得宜,那他就可以將這些基本的動作技巧轉換到很多運動的玩樂上,像是打棒球、打籃球、踢足球等定型式的運動項目,孩子會非常有成就感,而且對各種運動或動作上的表現都會有高度的興趣。通常這樣的情景出現在7至10歲之間,可以稱之為動作技巧發展的轉換階段(transition stage)。

不過,雖然這段期間的兒童往往對參與動作與運動活動本身展現出極大的興趣,但實際上身體動作的實力卻未能真正完整地具備執行任何一項運動項目的能力。此外,兒童在此時已大致能夠分辨出自己是否比較喜歡身體接觸性高,像是競技直排輪、籃球、足球等需要衝撞、爭奪競爭類型的遊戲;或是動作技巧可以個別精進,不需要衝撞爭奪,像是舞蹈、體操、桌球等有機會配合團體活動的運動項目。

兒童必須有機會將參與某種運動項目的基本動作加以修飾,

以便將修飾過後的正確動作應用在各種技巧的練習上。反之，如果在基本動作階段孩子並未發展出成熟的動作技巧，那學習運動技能的過程中也將變得困難，在從事活動時可能就會害羞，覺得笨手笨腳，反而對運動類的學習沒有興趣。故此時期的相關體育課程對運動技能與運動活動基本要素應該做通盤的介紹，例如多應用接觸相關技巧、遊戲規則及策略，透過各種運動的技巧訓練及變化活動來提升能力。

(四)應用階段與終身利用階段

運動技能的發展是從小開始的，但通常持續到青少年及成人時期。應用階段（application stage）指約11至13歲的青少年會選擇他們喜歡的運動類型，其特質就是這些青少年應該已經發展出豐富的比賽技巧與知識，可應用於競賽性或休閒性的活動上。他們喜歡的運動可能是個人運動，也可能是團體運動，有些人很明顯地可以接受身體碰撞衝擊接觸性高的運動，像是籃球、曲棍球、美式足球等；有些人則會選擇身體接觸較少的運動，像是桌球、羽球等；也有些人會選擇表現性較高的運動，像是舞蹈、啦啦隊、體操、游泳等。對於運動的喜好往往取決於先前的經驗，像是參與時能獲得愉快的感覺，活動起來也覺得有成就感就會喜歡。當然這種經驗上的感受也受到體型、地理環境、人際和文化等複雜因素所影響，像是中南美洲的孩子熱中於足球，夢想長大成為足球選手。日本的孩子則喜歡足球、棒球，希望長大以後加入職業球隊；日本的孩子也比較有機會接觸劍道、認識相撲等文化背景較鮮明的運動。

應用期可以說興趣趨向窄化，但是會認真投入於自己所喜好的

運動，在指導或學習上應特別注重動作表現的形式與正確性，強調
表現的準確性與美感，也需要提供、練習更複雜的技巧，吸收更多
的策略與規則，使自我能力能夠提升。

　　終身利用階段（lifelong utilization stage）是指根據運動經驗、
基本的技能學習，一直持續至未來的生活之中。在此時期，個人選
擇他們最喜愛的活動，可以使放鬆壓力、健身得到滿足感。也就是
說，維持對特定活動的高度興趣，多參與固定的活動，通常不是競
賽性就是休閒性活動。

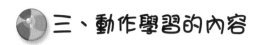 三、動作學習的內容

(一)基本動作技巧

　　動作種類很多，可以用不同的基準分類。以下簡單地將動作分
為三類：(1)保持身體穩定的動作，例如：滾、翻、停住、倒立等。
(2)讓身體位移的動作，例如：走步、跑步、爬行、跳遠、滑行等。
(3)操作與控制運動器材與道具的動作，例如：操作球、球棍，或是
韻律體操的手具：繩、環、棒、帶等。

　　保持身體穩定的技巧稱為穩定性動作技巧（stability movement
skills）。穩定性動作技巧是在身體位移間和位移後，或者一邊做動
作還要一邊操控道具時的重要基礎功。身體無論垂直移動或水平位
移、轉動，都得保持身體的平衡穩定，是所有運動項目都需要強調
和運用到的技巧。例如，幼兒普遍會學習的直排輪需要在動態中保

持穩定與平衡；而墊上體操要在身體動態位移後平穩停住。

穩定性動作技巧必須懂得控制身體，抓到穩定身體重心的力量與感覺，腳底與腿部能有效控制肌肉力量，巧妙利用身體姿勢的結構，例如，仰賴蹲低降低重心，或舉起雙手保持兩側平衡，達到對抗重力而維持穩定。

讓身體移動位移的身體動作所需要用到的技巧稱為移動性動作技巧（locomotor movement skills）。幾乎所有的運動都會造成身體的位移，所有的位移技巧若能熟練，就能有效地運用在各種運動遊戲或運動項目上。身體位移除了身體翻滾外，大多仰賴「腳上功夫」，不過手部擺動之手腳協調的控制能力也非常重要。

很多人無法辨識走與跑的差異，也不瞭解跑跳步的動作該如何教。走與跑並非在於快與慢的差別，也不是步伐大步還是小步的差異，走能快快走，跑也能慢慢跑，走不能跨得很大步，跑也能小步跑，事實上走與跑的差異在於走步時兩腳一定有一腳支撐，而跑步卻是有兩腳同時離地騰空的時間。

跳有「跳遠」、「跳高」、「由上往下跳」三種。跳和跑都有身體騰空的時間，跑以水平位移為主，跳則可能有垂直與水平位移。跑步的訓練會強調與解析步幅與腳蹬地的方式，跑跳步看似與走步很像，但必須結合跳的動作，所以重點在於蹬地後跳起。

在運動過程中需要有操作外物的動作，其動作的技巧就是操作性動作技巧（manipulative movement skills）。操作性動作技巧是給予物體力量或身體接收某物的力量，除足球、韻律體操全身都可以操作球和手具外，多數的運動仍以手的操作為主。

多數人認為運動中的操作性技巧，如丟球、接球等都只是全身性的粗大動作，但像是握羽球拍、桌球拍、丟飛盤、棒球擲球要能

投出直球與變化球，這種操作性動作技巧其實時往往需要更精緻地操作小肌肉，也就是要有辨識精細動作的能力。

很多運動都需要使用道具的操作，而且有些運動項目要操作的道具還不只一種，這時就會特別強調操作性的動作技巧。而一般樂器的學習也是非常強調操作性動作技巧，指導者要能很用心地觀察細微的動作，以免造成運動傷害與技術上難以突破的困境。

表5-3 身體基本動作的種類

穩定性 stability	移動性 locomotion	操作性 manipulation
軸向軸轉 axial 　伸展 stretching 　扭身 twisting 　轉 turning 　搖擺 swinging	基礎（一個要素） basic（one element） 　走 walking 　跳 jumping 　跑 running 　單腳跳 hopping	推進的 propulsive 　滾球 ball rolling 　投球 throwing 　踢球 kicking 　擊球 striking
靜態與動態的姿勢 static and dynamic postures 　直立平衡 upright balance 　翻轉平衡 inverted balance 　滾 rolling 　停住 stopping	組合 combinations （二至三個基本要素） 　爬 climbing 　跑馬跳 galloping 　跑跳 skipping	吸收的 absorptive 　接捕 catching 　接住 trapping

(二)特殊動作技能

要玩一場打棒球遊戲，基本上會用到跑、打擊、投球、接球，有時還會需要滑步；玩籃球要拍球、丟傳球、投擲；足球需要跑步、踢球；墊上運動、體操、舞蹈、武術需要翻滾、跳躍、平衡的動作。這種針對某種運動項目會使用到的特殊動作（special movement），其技巧就被稱為特殊動作技巧。

特殊動作技巧是一個個單一的動作組合成一組、一套可以實施此運動項目的動作模式（movement pattern）。這些動作模式的動作技巧可以運用到某種運動項目之中，也能轉換、應用到其他運動項目之中，發展成為終身活用的動作能力。所以能將動作技巧轉換、應用與終身利用的階段，稱為特殊動作技能的階段（specialized movement phase）。

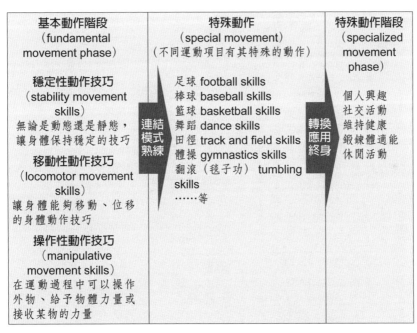

圖5-2　基本動作階段發展到特殊動作階段的進程

Chapter 6

身體動作的學習

- 動作要素的構成
- 與運動表現有關的體適能
- 與身體健康有關的體適能

一、動作要素的構成

做一個動作至少牽涉到下列幾個問題，例如，身體的哪一個部位在運動呢？（身體部位）身體朝向空間的哪一個方向運動？（空間性）以怎樣的速度在進行運動？（時間性）表現出來的身體動作，用多少的力量？（動作力道顯示的質感與意義）等等。這幾個問題決定身體運動的記述，也是動作構成的要素。動作要素的構成應包括身體性、空間性、時間性、動作力道等，這也是動作指導者應該提示學習者思考與探索的問題。

專業研習過舞蹈或戲劇者大概都聽說過「拉邦的動作分析」（Laban movement analysis）。這是由魯道夫拉邦（Rudolf von Laban, 1879-1958）所開發，是記述人類運動的方法，讓動作可以視覺化也可以解釋的語言。音樂的記錄有樂譜，但當攝錄影機尚未發達時，舞蹈也必須靠「畫圖」來記錄。拉邦提出動作的要素包括，身體（body）、力道（effect）、形（shape）、空間（space）。有些文獻呼應他的理論還提出了「關係」（relationship），指的是動作者對人或身體部位或所有發生相互作用者的連結。體適能與律動活動的指導者可以充實有關動作分析、力學、人體工學等解析人體動作的知識，作為調整自己運動指導時的參考。

(一)身體

　　人的運動靠身體在做動作，所以「身體」（body）是運動動作的基礎。動作分析最重要的要素就是「做動作的身體」。在指導身體動作時，指導者必須解釋動作，因此對身體動作要素的構成須有所理解。也因此，指導者在教授身體律動時，要時時強調孩子觀察身體動作可視性的部分，也提出可以讓孩子理解和能夠詮釋動作的語言字彙。首先，是身體部位的認識。例如，身體的哪個部位在動？是腳嗎？是左腳還是右腳？幼兒往往因為還不懂得分辨左右，

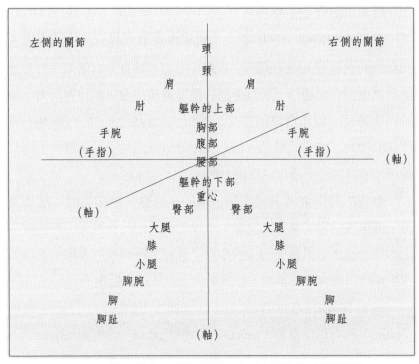

圖6-1　身體運動中身體的基礎區分（身體的部位與關節）

所以指導者必須透過別的方式詢問，例如：「是這隻腳？（秀出右腳）還是這隻腳？（秀出左腳）」

　　幼兒動作的指導最常指示身體部位的學習。通常只會用到日常生活較常聽到的詞語，例如「臀部」會說「屁股」、「手臂」會說手、「腳腕」可能或說成「腳脖子」等，主要是讓幼兒能聽懂。

(二)時間性與力道

　　身體動作的時間（time）最能理解的是「快快地做」還是「慢慢地做」，當然快到多快、慢到多慢，拍速的表示會用「喊拍子、數拍子」來提示速度，指導幼兒動作則會以形容詞來形容其意象，例如像蝸牛爬行一樣慢。

　　拍子有四拍子、三拍子、二拍子等基本形式。音樂的指導者和動作的指導者不同，因為大多動作上的訓練會是右邊做完換左邊的對稱重複方式運作，所以運動的指導者通常會以動作對稱兩小節或四小節為一組作為喊拍方式，例如「12345678、22345678」或「123、223」的方式喊拍。指示快慢就以喊出拍子（聲音）的速度提示，通常以一小節作為準備，例如「56開始」。

　　動作的時間要素有基本拍、重拍、速變、持續時間、韻律節奏，要求快、慢、突然、連續拍子等效果，因此指導者在口語喊拍上的提示技巧是很重要的。例如為了強調某個動作就會加上重拍，在訓練時口語會喊出重拍，強調重音上做特殊的動作。

　　做動作用的力量有多少，做了多少的「努力」就是力道（effort）。力道是重量（weight）、時間（time）、空間（space）、流動（flow）的組合，主要在探索動作的質感，是屬於較深入且精進

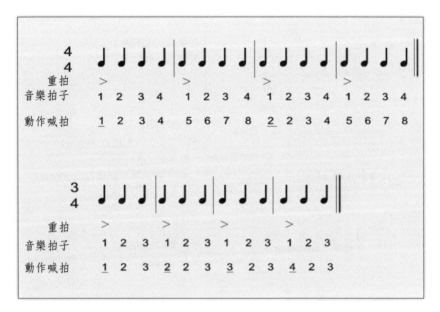

圖6-2 動作訓練時的喊拍節奏（喊出的速度與重音可提示動作如何做）

的探索要素。動作的速度決定動作能量使用的多寡和動作感覺，時間短有突然（sudden）的感覺，時間長就是持續性（sustained）。

如果一樣很用力但動作非常的快，時間上是很突然的，那麼表現出來的動作質感應該就是像甩了一巴掌或被重擊一拳的樣子。

由於動作質感的性質不是很容易理解，但在詞語上重量的「重的」相對於「輕的」、流動上「自由自在」相對於「有限制的」、時間上「持續的」相對於「突然的」、空間上「直接的」相對於「間接的」，這樣的相對性提示就比較容易讓學習者理解。

所以指導者需要用動作示範與言語的提示形容，花了多少精力？多強？多弱？像什麼一樣強或重？像什麼一樣弱與輕？等，利用意象激勵學習者做強、弱、輕、重以及更細微力道變化的動作探索。

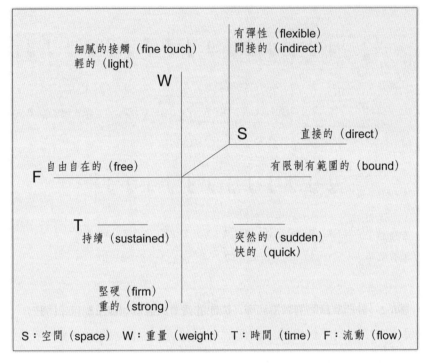

圖6-3　解釋「力道」要素概念（相對應之動作質感的呈現）

(三)身體的形與空間

　　身體做動作會擬出一個身體的「形」（shape），例如對稱與不對稱、三角形、圓形，像球、像電線桿一樣等不同形狀的造型，像茶壺一樣、像椅子一樣等模仿各物體的形，這些靜態的身體形像，對幼兒來說是最能理解的所謂身體的形。

　　身體往哪個方向動就是空間（space）的概念。有許多詞彙與指示空間範圍有關，例如指示與水平高度有關之高、中、低；方位或方向的左右、前後、斜前斜後、斜上斜下等。不同的空間區域給予

旁觀看者的視覺印象就會不一樣。

　　但身體原本就占有空間，不同的身體動作做出來的「形」也會顯示出所流動的方向與占有的空間區域。例如身體側面的範圍可以勾勒出一個門面（door plane）、身體的前後範圍則是矢狀的輪型面（wheel plane）、身體水平位置可以形成桌面（table plane），所以大、中、小，以及寬、窄等詞彙也指示空間的範圍；往前、往後、向上、朝下等也就指示了空間上與形的意義。

　　此外，身體是靠著身體的重心與軸支撐著身體而做運動，如果將身體動作經過的每一個點連結起來，就會形成路徑軌跡，包含地面軌跡與空中的軌跡。地面上的路徑幼兒很容易理解，例如用腳在地面畫一個圓或走線等活動。但事實上，身體的每個部位在做動作時，其所經過的每一個「點」都能連結成線的路徑。而對幼兒來說，空中的路徑較為抽象難理解，因此可以從觀察開始理解，例如請幼兒觀察老師用手在空中畫了一個圓，讓幼兒仔細觀察手部動作經過的路徑。

　　換言之，動作時的身體形狀通常是將空間組合成有意義的運動整合因素，包括幾種類別，第一種是靜態的形狀的形式（shape forms）；第二種是形狀變化的模式（modes of shape change），包括形狀流動、方向性、「刻」出的形（carving）；第三種是形狀的質（shape qualities），例如「下沉」、「推進」等動作都指出了空間方向的進行方式；第四種是身體在做形狀時身體流動下的支撐部分（shape flow support），以軀幹支撐讓身體可以做不同形狀上的改變。

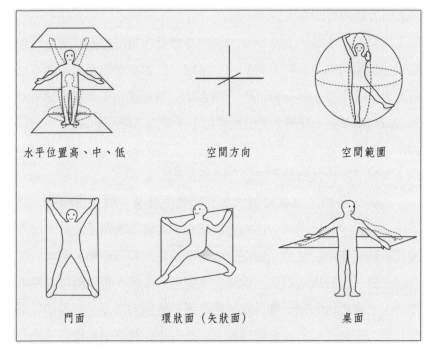

水平位置高、中、低　　　　　空間方向　　　　　　　空間範圍

門面　　　　　　環狀面（矢狀面）　　　　　　桌面

圖6-4　身體空間的位置

(四)關係

在做動作時會和某種狀態發生連結，就是做動作時的關係（relationship）。產生連結關係的可能是動作者和身體某個部分、和某個人或群體、器材和道具，或是在遊戲中產生的空間、位置的關係。

身體動作的課題，可以包括上述身體動作如走、跑、跳、轉、爬……，不同動作的探索，身體部位的使用，以單一部位、幾個部位、這個部位做了接另一個部位的組合與連結；讓幼兒能認識身體

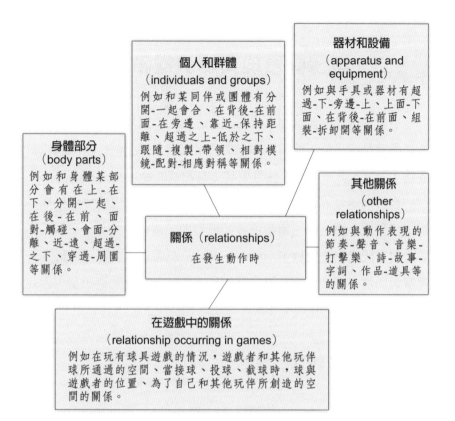

個人和群體
（individuals and groups）
例如和某同伴或團體有分開-一起會合、在背後-在前面、在旁邊、靠近-保持距離、超過之上-低於之下、跟隨-複製-帶領、相對模鏡-配對-相應對稱等關係。

器材和設備
（apparatus and equipment）
例如與手具或器材有超過-下-旁邊-上、上面-下面、在背後-在前面、組裝-拆卸開等關係。

身體部分
（body parts）
例如和身體某部分會有在上-在下、分開-一起、在後-在前、面對-觸碰、會面-分離、近-遠、超過-之下、穿過-周圍等關係。

關係（relationships）
在發生動作時

其他關係
（other relationships）
例如與動作表現的節奏-聲音-音樂-打擊樂、詩-故事-字詞、作品-道具等的關係。

在遊戲中的關係
（relationship occurring in games）
例如在玩有球具遊戲的情況，遊戲者和其他玩伴球所通過的空間、當接球、投球、截球時，球與遊戲者的位置、為了自己和其他玩伴所創造的空間的關係。

圖6-5 動作時的關係

部位，瞭解能夠讓身體動起來的部位，頭、手、軀幹、腳等；認識身體活動時空間位置的詞彙，提示幼兒要往動作導向方向前方或後退，是要直直的向前，還是迂迴曲折繞圈的軌跡；身體所用的力量行動的步調，要像什麼一樣快，還是比什麼還慢，這些學習不但學會對動作的認識，也對認知的學習有幫助。

二、與運動表現有關的體適能

兒童運動體適能（fitness for children）中所謂好的身體狀況，就是必須是孩子每天能有精力參與日常活動；精力減少是因為沒有運動才產生的健康問題，並且要建立身體適能參加各式各樣活動。

競技體適能（performance related fitness）的構成要素包括平衡、協調性、敏捷性、運動速度和瞬發力，這些能力受到遺傳的影響，但也能透過後天練習而強化，而且一旦習得，其穩定性較高。兒童因為還在發育，而且每天都要玩遊戲、參與活動與學習，因此與運動表現有關的平衡、協調、敏捷等體適能的發展非常重要。

(一)平衡與協調性

平衡感（balance）與協調性（coordination）可以說是完成「漂亮」動作的基本要求。特別是平衡感是完成所有動作非常重要的要素，當看到一位舞者所跳出的每一個舞步與動作都不能保持穩定感，身體搖搖擺擺，就可以知道這位舞者的程度不夠；而一位體操選手完成一個動作後卻不能保持平衡，就會是表現上重大的失誤，也不可能拿高分。

太空人在外太空是處於無重力的狀態，輕飄飄的在太空中飄來浮去，由此可以知道所謂運動項目講求的平衡狀態是人體在重力作用下還能保持均勢的能力。孩子頭大身體小的身體比例，腳步肌力較差，因此也比較容易失去平衡和容易跌倒。所以，兒童早期發展

平衡能力是非常重要的。

　　平衡有靜態平衡與動態平衡。靜態平衡　（balance）是人體在固定位置上保持均勢的能力，例如，單足站立或站在平衡板上屬之。動態平衡（dynamic balance）為人體在運動中保持均勢的能力，為求不同情境下能快速變換身體姿勢。

　　協調性對運動來說是非常重要的，由身體的兩個以上部位配合運作，也能讓動作看來順暢且有效率，是一種整合能力。運動中動作技巧的協調，包括足眼協調、手眼協調、手腳協調等，將各種視覺、觸覺、動覺之感覺統整運用在不同的運動系統。換言之，協調是人體運動時的時間、韻律和順序三方面調和在一起。身體的協調性對於運動的接、擊、打球等肌肉活動是非常重要的。

(二)敏捷性與運動速度

　　速度與敏捷兩者都有要快速的意味。但速度（speed）是指從A點到B點可能是直線或弧線的情況，讓身體盡可能在最短時間內由A點移至B點，即由一處移動到另一處的能力。

　　一般跑步競賽鳴槍後開跑，有些人一聽到槍聲就可以直接反應動作，但有些人聽到鳴槍後卻愣了一下才開始跑；也就是說，速度受到身體從聽到「開始」的信號到產生身體第一個動作所花費的時間，即個人的反應時間（reaction time）的影響。反應一般受天生的影響，但動作時間則可經由練習改善之。

　　至於敏捷性（agility）是指當身體從某處移至另一處時，能快速地改變整個身體方向的能力。

　　幼兒與兒童的運動速度與身體的敏捷度可從跑步、爬行、捉迷

藏、「貓捉老鼠」等追趕活動中觀察到，指導者可以提供充分的練習機會，透過在開放寬大的空間讓孩子跑步或遊玩，亦可透過參與「紅綠燈」追逃遊戲與閃躲活動提升敏捷性。此外，走迷宮與障礙課程也會增進敏捷性的發展。

(三)瞬發力

「瞬」即「瞬間」之意，因此瞬發力（power）是指在最短時間內完成動作所需最大力量的能力。有些教師會說成「爆發力」（explosive strength），主要是想說明瞬發力代表力量與速率相乘的結果。

這種力量與速率結合的瞬發力，可由兒童的跳躍、打擊或擲遠中表現出來。動作使用肌肉群的收縮速度、肌力和協調性，決定瞬發力的程度。不過，符合以幼兒發展為基礎的體適能訓練，通常不會強調瞬發力的技能訓練。

由發展的觀點看，兒童的運動表現關聯體適能，要依平衡、協調性、敏捷性、速度和爆發力的順序加以強調重視，幼兒在園所、家裏附近的公園或是運動設施處，多提供類似騎腳踏車、游泳、投接和攀登等多方面的活動，可以促進孩子體適能的發展。可以先強調孩子平衡技巧，進而促進協調及敏捷之動作控制體能因素，而將強調速度及爆發力的能力技能訓練放在其後，如此比較符合以發展為基礎的體適能訓練。

三、與身體健康有關的體適能

肌耐力、心肺耐力等與健康有很大關聯的要素，就是健康關聯體適能（health-related fitness）。健康體適能的構成，包括肌力、肌耐力、心肺耐力、柔軟度、身體組成等面向，可以說是被公認的健康關聯體適能要素。

(一)肌力與肌耐力

兒童運動出力是靠著肌肉的力量，肌肉能產生力量是因為肌肉纖維產生收縮。當用最大的力量將某一重物舉起，這就是肌力（muscular strength），也就是身體對外在個體所發揮最大力量的一種身體能力；簡單地說，就是某人最大努力下肌肉所產生最大的力。但如果強調的是「反覆」與「持續」，例如需要將重物舉起至較遠的地方，或需要反覆將重物舉起或放下，這種需要持續或反覆操作所需要用到的肌肉力量就是肌耐力（muscular endurance）。即一種對身體之外物體，反覆產生力量的能力；肌肉反覆克服一較輕阻力，不需要超負荷，形成反覆收縮的能力。

肌肉收縮（muscle contraction）的種類可以分為靜性收縮（static contraction）和動性收縮（dynamic contraction）。靜性收縮又稱為等尺收縮（isometric contraction），即等長的意思；例如，手推牆壁出力。換言之，等長訓練並不需要特殊器材，拉重物、推牆壁等靜性的等長動作也可以訓練肌力。

而動性收縮則指的是短縮性收縮、伸長性收縮組合起來的等張性收縮（isotonic contraction）。很多肌力的訓練都會反覆操作，讓肌肉伸長與短縮。動性收縮還有等速性收縮（isokinetic contraction），即維持一樣的速度，很多的健身器材可以設定固定速度，讓使用者以固定的速度鍛鍊肌力與肌耐力。.

男孩與女孩完成數個仰臥起坐、伏地挺身等屬於肌力運動，經由一些類似舉起、搬動大的物體、操作器具、拉單槓等活動而發展肌力與肌耐力。幼兒不需要過大負荷的肌力和肌耐力訓練，只要給予跑跑步、跳躍、搬物品等機會，就可以練習肌肉的力量。

(二)心肺耐力

心肺耐力（cardiorespiratory endurance）是指一種使用循環和呼吸系統的運動能反覆的次數。心肺耐力與每一位兒童的生活型態密切相連。發展心肺耐力的重點是頻率、時間和強度；頻率愈高，時間愈長，強度愈強，對提升心肺的影響愈大。

最大攝氧量為評價有氧作業能量心肺耐力或心肺功能的最佳指標，是指一分鐘內能攝取氧的最大值，但包括性別、年齡、身體大小、遺傳因子，以及海拔高度等地理環境都會影響人的最大攝氧量。由於缺乏精密簡便的科學儀器能正確測量兒童進行有氧運動時的耗氧量，而測量方法本身也會造成兒童很大的壓力，所以讓孩子參與全身運動，且讓此運動持續一段時間，不必比快、不必強調衝刺，這類活動應成為兒童每日生活的一部分。

全身參與，強調時間持續，不強調衝刺比快的運動，就是有氧性運動（aerobic exercise）。慢跑、有氧舞蹈、騎腳踏車和游泳等

都是有氧運動，每日花一點時間從事這方面的運動，就可以促進心肺體適能的增強。

(三)柔軟度

關節柔軟度（joint flexibility）是指身體和各關節最大活動範圍的能力。當然，並不是骨骼關節結構的問題，也包含肌肉的伸展情況。

身體柔軟度可經由練習漸漸改善之。大多數的幼兒不會有柔軟度上的問題，但經常缺乏活動，就會造成往後的童年和青少年時期，身體動作範圍變小，柔軟度變差。

舞蹈、體操等運動對身體柔軟度有很大的要求，因此從小學習，並能持之以恆，才能保持身體柔軟度的能力。

(四)身體組成

身體組成（body composition）是指肌肉質量與脂肪質量的比率，身體內脂肪與非脂肪對體重所占的比率，因此指的是與過瘦或肥胖有關。

兒童體型受遺傳、疾病、生活型態等因素影響。兒童肥胖有可能是病態性的肥胖，但大多數都是單純性的肥胖。國內衛生福利部國民健康署的調查顯示，臺灣普遍有兒童肥胖的問題。單純性的肥胖與飲食、運動有關，吃得多，熱量高，又只做靜態活動，自然就肥胖。不過，其實胖與瘦不是重點，只有過度肥胖，或身體肥滿而妨礙到身體活動或影響健康才是問題。

　　有許多運動項目對體型頗有要求，例如芭蕾舞、韻律體操、競技體操、武術等，但這些通常是針對成為專門選手的限制，對於幼兒只是作為動作學習或兒童作為運動活動來說，是不必要受體型所限制的，指導者應該讓每一位孩子都有體驗學習的機會。

　　健康體適能其實不是一種能力，也不是一種身體技巧，它是一種身體的狀態，其狀態雖然與遺傳因素有關，但是容易浮動變化，是一種生理適應的功能。由於健康體適能會因為不常鍛鍊、訓練身體而無法維持，所以重要的觀念是應該讓運動成為生活的一部分，經常保持運動習慣，才能讓身體維持良好的健康體適能狀態。

指導方法篇

Chapter 7 幼兒體適能指導者

- 指導者的特質
- 指導者的責任

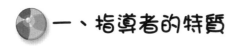

一、指導者的特質

(一)人格特質

　　幼兒活動指導者該有正向且積極的性格，懂得關注自我生存、關心自我，也關懷孩子。指導者能掌握所指導科目與學科的內容，不斷鑽研充實該科目的知識。也就是至少要對學科擁有興趣，當然，對術科也要維持練習習慣，甚至要有心能持續進修，對要指導的學科內容與指導的方式都要充滿熱忱，擁有熱切地希望分享其學識的心意，才能成為一位成功的教員。

　　指導者對他們自己和孩子都應該要很誠實、真誠，不必要虛偽。人非聖賢，不可能凡事都知，所以對於不確定、不懂或不會的事，可以查明之後再對孩子解說；對於判斷錯誤或解釋錯誤的事，也要勇於認錯，這樣反而會讓幼兒與幼兒家長覺得師長是可以信賴的人。

　　指導者能表現出對幼兒的主動關懷，但不至於因為對孩子過度地和善溺愛，以至於在必要的情況下，無法扮演「紀律要求者」的角色；必須能夠控制幼兒學習時的情境；對待孩子應該經常展露笑容，無論是親切幽默或是嚴肅拘謹，都要展現出符合人性化的行動，因為行動代表老師對幼兒的關心，且是出自於真正的關心。

　　總之，有效的指導者能透過計畫安排教學，帶給學習者正向的改變；有時難免會面對困難，但應該樂觀開朗，要有信心引領孩子

解決問題，並克服困難。

(二)指導者的行爲

　　父母和教師（指導者）是不同的，通常父母在對待幼兒的角色本質上，因爲負責的範圍是自己的孩子，所以只針對自己的孩子就行。有時對自己的孩子容易陷入非理性、偏心的情境，也有親近的依附關係；不過，幼兒教師或幼兒指導者通常要面對幼兒團體，因此處理事情與對待孩子的方式必須力求公平。面對團體必須適度與幼兒保持某種程度的距離感，也要比幼兒至親的家人更能保持適度的理性，合理的去處理幼兒照護的事件。

　　任何計畫要保持適度的目的性。有效地指導與教學是一種動態的、教師與孩子互動的過程，這種過程需要指導者與孩子相互的溝通，所以必須善於言語，擁有清晰的聲音，特別是在措詞上要適合幼兒的程度。指導者必須信賴自己的能力，要有能力成爲「領導者」，敏銳地觀察幼兒團體的需求，不要犧牲孩子學習的動機與機會。

　　體能指導者及動作教育指導者，經常需要透過非語言溝通來教學，因此必須注意身體姿勢、動作表情，甚至臉部表情的傳達。事實上，有時不用言語也能靠肢體動作領略學習內容，由於幼兒認知程度尚淺，所以對待幼兒有時就好像遇到言語不通的外國人，這時透過身體動作表達可以領略對方的意思。一般擔任幼兒的體能教師或體能指導者，大多爲兼任鐘點工作者。指導幼兒的體能指導者，無論專任或兼任，都有責任透過身體教育的學習，來幫助孩子認知與情意的學習，幫助孩子學得動作技能，養成注意體適能之良好生

活習慣。

　　儀表會引起孩子的注意，也會影響學生對教師的看法；指導
幼兒的教師也是一樣，穿著也必須合宜，應該整潔、清爽而合乎年
齡，不但可以營造正面的教師形象，也增加上課的樂趣。活動的課
程指導者應穿著布質柔軟或有彈性、吸汗、寬鬆合宜的衣裝，才能
方便動作示範，衣服太寬鬆看不清楚身體的曲線與動作；且遮蔽性
要合宜，例如領口和袖口不宜過大，如此在動作示範時就不必擔憂
會太曝露身體。特別是某些運動其實有專門衣著裝扮，棒球有棒球
裝，足球有短褲鞋襪，舞蹈有特別的緊身的練習衣裙或褲，這樣的
穿著可以營造專業形象。指導幼兒時，在衣裝的色彩上也可以做變
化，偶爾鮮明亮彩，偶爾柔和，甚至可以配合課程主題，增進班級
上課的樂趣。至於鞋襪也是要視課堂授課內容決定，指導者或幼兒
都是，穿襪雖然容易打滑，但有時要做轉圈、滑行動作時可以減少
與地面的摩擦力，便於實施動作；赤腳雖缺乏保護，容易摩擦地板
導致脫皮或破皮，但赤腳可以接觸地面質感，真實感受地面材質的
不同，讓身體貼近最自然的感覺。不過，注意安全防止滑倒受傷，
是指導者對自己與幼兒都要小心注意之事。

【例一】

老師說「最高品質」，孩子回答「靜悄悄」（接著班上所有小朋友都安靜了，並注意老師）。

這是小學老師在課堂上常使用的管秩序的方式之一。蒙特梭利教學老師經常以搖小鈴，提示孩子要安靜注意這裏了。

教師可以有創意地發展出自己的教學方式，讓孩子們清楚知道什麼時候該注意老師指示。孩子必須學習在必要時注意課堂的狀況，教師的指示，學習尊重講話或發表意見者。

【例二】

某日教師穿著印有一顆一顆彩色大圓圈圖案的衣裳去上課，原本還想這件衣服圖案色彩太誇張，穿去上課有些不好意思。結果，上課時意外發現孩子們竟好喜歡那件衣服，說「老師今天穿得好漂亮！」

大多數大人平日都不會穿得太誇張，喜歡樸素優雅的風格，所以許多老師上課總是穿著黑色、灰色、褐色等彩度太低的色調服裝，但偶爾上課時多一點色彩與花樣，可以吸引小朋友目光，也可以營造不同的上課氛圍，製造話題與樂趣。

　　總而言之，一般只要是課堂的管理都重視常規（discipline）的建立，也就是對班級事務控制的程度，也是指自我控制的意義。教師常規管理技術包括了非口語的技術、口語的技術、控制「隔離」，發展其他自我控制的技術。想要達成有效的體育教學，其基本方法和其他領域的教學一樣，指導者必須透過專業的學習訓練，具備專業知識的涵養，對於學科的內容以及教學指導要具有高度的興趣與熱忱，並且能夠確實掌握指導的技巧。幼兒體能指導者，特別是課堂的教師有許多的職責，例如必須擔負起設計課程、組織教案、計劃與實施教學，以及評量學習者進步情形等。

二、指導者的責任

(一)設計課程

　　無論是體育教師，或是在健身中心、補習班，或在園所課堂上的幼兒體能的指導者，對於整體課程的安排通常需負責安排教學計畫，一學期幾週，或是一期課程要安排幾週，全程的課程需安排幾期等，都需要詳細的構思計畫。

　　設計課程不僅需要確認所教授的時間，瞭解孩子不同年齡階段的認知能力和身體動作能力，也要仔細分析孩子的需求，同時也要考慮可利用的設備與設施、時間分配等。好的課程設計往往需要很多的資源以及同事和行政人員的協調幫助，在托育園所和兒童健身中心等機構可與其他指導者配合共同規劃課程設計。

　　現行《幼稚園課程標準》有「健康」、「遊戲」、「音樂」、「工作」、「語文」、「常識」六大領域，指導者可以幼兒爲主體，透過課程編制、教材編選、活動與評量都不牴觸的情況下，編製設計課程。其教學目標都是要達到維護幼兒身心健康、養成良好習慣、充實生活經驗、增進倫理觀念、培養合群習性的目的。

(二)組織學習環境

　　在設計課程的同時，指導者也要負責組織學習環境。體適能教師、律動舞蹈老師、幼兒音樂老師通常負責該活動空間設備的管理和器材維護等工作。若是幼兒園所的兼任指導者，更需要事先瞭解各園所的環境、設備，以便規劃出適合該園所的學習教程。甚至，對於幼兒園所可基於專業立場給予採購的建議，豐富資源，以利於自己指導計畫的執行。

　　一般幼稚園根據設備標準至少會有室內活動室、室外活動空間、健康中心、教保教室及其他盥洗、辦公等空間。體育類指導者通常要負責室外遊戲設備的定期安全檢查，也需要確認周邊障礙物之移除，至少應該給予園所建議，以免幼兒受傷。有時指導者時常要護送孩子到體育活動場所上課，並送他們回到教室，因此對環境要有所認識。

(三)計劃與實施教學

　　指導者眞正最重要的工作是實際實施教學。最基本的職責是指導孩子如何學會動作技能，達成並維持體適能以及領會動作技巧，

使孩子成為一位具有豐富技巧性的活動者（skillful mover）。啟發
孩子瞭解身體動作部位與身體運動的型態與方式、身體動作的構
成、並體認身體活動的機制，並且將知識融入於日常生活之中，使
幼兒能充分參與，達成指導者設定的教學目標。

在實際授課時力求指導清晰明瞭，內容明確，對課堂的秩序能
掌控良好。必須能重視孩子上課的權益，準時上課，準時下課。由
於動作能力需要練習，所以體適能指導者一定要安排適當的複習時
間與練習時間，動作才能熟練。

(四)評量學習狀況

指導者或教師必須擔任評量或評估者，以決定設定的教學指導
目標是否達成。

評量可能是主觀或客觀的、正式或非正式的、過程導向或結
果導向的。對學生的評量應該強調他們的正向操作層面，並且將焦
點放在增進個人技巧，以及個體潛能的發揮上；以孩子為中心的評
量，應該提升師生間一種「我相信你，你必須相信你自己」的態
度。

對於幼兒的發問，雖然問的問題可能不夠成熟，但為幼兒保
留開放空間，教師可以重新釐清幼兒真正想知道的事，指導者與幼
兒間也能建立可以一起討論的機會。評量也是相同的立場，目的不
在於僅鑑別幼兒會與不會的能力，而是提供指導者清楚自己的指導
內容其程度與標準訂定是否合宜，也要幫助未能達到學習目標的幼
兒，再給予輔導與練習的機會。

(五)輔導

於輔導工作體適能與幼兒律動的教師都必須瞭解並正視它，培養觀察孩子的敏感能力。特別是年輕，教學指導經驗資歷尚淺的指導員，要提醒自己培養觀察力與處理事情的方法，例如，當孩子活動力降低，是不是身體不適，或是家庭、同儕發生狀況的心理因素受到了影響，老師可以在不影響正常授課的情況下做適當的處置。

不過，除非受過特殊的訓練，否則體適能指導員或律動教師的能力和處理重要問題的效率是有限的。若在心理輔導上發現孩子有困難需要幫助時，可以尋求專業者的建議，或請教轉介專業的輔導師、心理醫師等。

【例一】

　　小欣一直以來上課表現都很好，某日上課不很專心，年輕的老師有點不開心，覺得小欣不好好學習，而且影響班級學習氣氛，之後跟老師說想坐在旁邊，老師不以為意。到了課堂中間休息時段，老師才發現小欣吐了，其實小欣身體不舒服一直硬撐著在上課。

　　這位老師對自己誤會孩子不認真，且無法察覺孩子身體不適之異狀，沒能事先妥善處理有些自責，覺得是自己對照護孩子的經驗不夠。

【例二】

　　「老師，他打我」，「我哪有」這樣互相告狀的情景經常在幼兒班級中得見。一位幼兒在一堂課中，不停的向老師打小報告，另一位被告的孩子就否認。兼任的體能老師到園所上課，但上課期間總是一直聽到孩子打小報告，剛開始會想試著處理。但發現指導活動一再被打斷時，就選擇「忽略」，開始裝作沒聽到。因為兼任的體能律動教師每週僅有一小時的時間赴園所指導該班幼兒，為了維持上課品質，所以決定不在上課時間耗用太多時間處理幼兒個別問題。

　　由於帶班老師與助教在旁觀察，卻注意到其實並沒有人打那位幼兒，但那位小孩總是不停的打小報告，只是希望引起老師注意。帶班老師也發現已經影響了上課，所以暫時將打斷教師授課的孩子帶到旁邊陪伴。

　　輔導工作是非常專業的，而孩子不適應行為的產生，其引起的原因是複雜的，可能包括生理上、家庭教育等影響。因此，指導者雖有輔導的責任，但重要的是那份心。處理危機與解決問題的能力需要經驗的累積，要不斷的充實自己的知識與教學經驗，在實際處理重要問題時要保持與帶班老師的聯繫，必要時可以請教心理輔導專業人員、社福人員協助，再擬訂輔導方式。

(六)教師專業成長

　　對所有教育工作者而言，持續不斷的專業成長是一項很重要的職責；即便是幼兒教育者也需要不斷學習增加新知，才能帶給孩子正確與適當的刺激。

　　教師專業成長包括知識、技能與態度。知識包括了通識知識與專業知識，而專業知識則包括對幼兒、對教育方面的知識。在技能上包括幼兒課程設計能力、教學策略、計畫、評量、班級經營、教學內容、師生互動技巧。態度則包括教學熱忱、倫理與溝通技巧。

　　充實的方式有很多，通常可以透過參與相關研習會、讀書會，參加專業性組織和社群來達成，亦可在職進修下一階段學歷的課程，不但可以取得學位，也能在學習場域與教師同學的互動中接收到不同的訊息。

　　現在幼兒園的舞蹈老師、體育老師、音樂老師大多是外聘專業師資入園指導，這種情況通常是一週一次，至多兩次。幼兒無法每天接受專業人士的指導，有些園所會安排每天固定時間由各帶班老師陪伴孩子運動活動，或是由教師自行抽出時間來讓孩子接觸音樂、身體活動、體能養成。但若幼教帶班師資對此領域涉略較少，就無法安排深入的內容，也難有效規劃課程進度，且對特殊表現的孩子，很難注意得到他的需求。

　　也有園所會安排由非專業人員來指導，但至少要安排對這方面有興趣也願意時常充實相關知識的人員。

幼教師

教室管理　教具製作與使用
教室環境布置　美勞製作
親師溝通與親職教育

體適能指導	律動指導	音樂指導
體育知識 體適能訓練 動作示範能力 運動器材操作	身體動作與表現知識 音響器材播放操作 肢體動作示範 編排作品 表演與欣賞	音樂知識 樂器彈奏或吹奏 音響器材播放操作 指揮統整 音樂欣賞

幼兒指導者

計劃教學內容　一般教學解說（說故事）
與幼兒溝通　課堂管理
幼兒行為觀察技巧　幼兒學習評量

圖7-1　幼兒指導者專業能力指標

Chapter 8 教學指導的準備

- ● 教學環境
- ● 指導教學計畫
- ● 教案

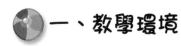 一、教學環境

活動執行需要確認場地，並準備需要用到的器材、教具。場地有可能是室內韻律教室的空間，也可能是戶外操場、草坪等空間，也可能是幼兒園所遊戲場。如果一個園所有數個班級，更應該確認場地使用時是否調配好不衝突，幼稚園辦活動時也會影響場地使用。

(一)教保教室

教保教室指的是幼兒自己班級專屬的一般教室，幼兒大多的教保活動都會在教室內實施，也是幼兒最常待的地方。

雖然一般教保教室這個空間對孩子來說是最親近又方便的地方，不過，由於這個空間因為常有教具的擺設，致使場地變得較為狹隘。一般來說，並不適合在室內跑跳，所以比較適合靜態活動。除非人數極少，或要活動的範圍不大，小遊戲或簡單律動活動可以在教室內實施外，一般都不會利用此空間從事音樂和律動活動，體能活動就更不適合了。

另外，有些教室是開放性空間，也就是教室沒有牆壁隔間，從班級可以看到另一個班級，各班可在同一個大空間內的各角落授課，也可以方便實施共同規劃活動。開放性教室的空間通常看起來視野較為廣闊，不過仍可能因為有桌椅、教具器材、帶班教師座位區等擺設，因此仍然不適合體能與律動活動。

一般教保教室（空間較小，不適合體能與律動活動）

(二)韻律教室

　　一般補習班型態的音樂教室、舞蹈教室通常設有室內寬廣的場地，稱為「律動教室」。幼兒園所內寬廣的韻律教室往往也是雨天替代戶外廣場實施活動的場地。

　　律動教室通常鋪設木質地板，因為木質地板較水泥地板有彈性，而且標準的施工方式，木質地板是會墊高鋪設，其功能是使地板更有彈性。

　　有些園所在韻律活動專屬的室內教室會裝設貼牆的鏡子，如此幼兒更可以看到指導者動作的前面與後面，幼兒也可以看到自己的樣子。

　　有些律動教室會在木質地板上方加鋪塑膠地墊，主要功能是防

室內活動空間（設有音響設備與鏡子，適合動作學習）

室內活動空間（沒有設置鏡子的韻律教室，空間寬廣，適合團體
做體能遊戲與律動活動）

滑。塑膠地墊是可以捲起收納的,因此可以因應表演場地變換,塑膠地墊可以帶到不同的地方使用。

律動舞蹈課程通常需要使用音樂音響設備或樂器,因此律動教室幾乎都會設置固定播放音樂的音響設備位置。有些園所會設置小舞臺,適合發表。

(三)室外活動空間

一般幼兒園所會有一塊對幼兒來說不算太小的戶外場地,通常是園所各棟建築物之間的空地,或建築物到大門口前的空地,如果是小學的附幼就是指穿堂空地或小學的操場,適合孩子跑跳遊玩及舞蹈的表演活動。

體適能指導教師會利用此戶外空間安排活動,例如飛盤、拋球、騎幼兒腳踏車、扭扭車、搬重物訓練肌力等,因為需要位移空間,就比較適合在戶外實施。這些室外空間寬廣,有時甚至備有司令臺,很適合舉辦運動會、遊戲、親子活動。一般家長的觀念也接受適當地讓孩子有曬曬太陽、流流汗的機會,所以園所會安排適當的時間到戶外活動。

戶外場地有泥地、水泥地板、草地、人工草皮等,指導者要注意戶外活動空間地面質感方便設計活動。泥地質地較軟,彈性較佳,適合運動,但砂石含量大,跑步有時容易打滑,雨天則容易泥濘且不易乾燥,受自然天候影響大,可能影響課程教學的預定進度。水泥地板則乾爽容易打掃清潔,但質地較硬,由於孩子跳躍動作尚不成熟,不會運用膝蓋彎曲,因此實施跳躍動作時地板不容易吸收身體重量,容易受傷。草地的地面較有彈性,適合運動,但草

的長度可能影響對地面平整度的判斷,有時容易造成運動時腳踝扭傷,而且草地有時會有蚊蟲,維護不易。人工草皮最重要的功能通常是色調上的裝飾,雖然目前國內公園遊樂設施地面會鋪設厚度較厚、質地較軟的「軟墊草皮」,但成本高,一般幼稚園所通常不會大面積鋪設。

都會或社區內的幼兒園所戶外場地以水泥地、人工草皮居多,土地寬廣的國外或鄉村地區比較看得到天然的泥地與草地的戶外廣場,在某些國家甚至會在戶外設置彈簧床,供孩子攀爬跳躍,但國內似乎較少見。

幼兒托育園所戶外活動空間1(泥土地質地軟,雨天不容易乾,砂石容易打滑)

幼兒托育園所戶外活動空間2（國小附幼穿堂，水泥或磨石子地板）

幼兒托育園所戶外活動空間3（草地空間地面較有彈性，但有時會有蚊蟲，維護較不易）

(四)遊戲遊具區

通常園所會設有置放大型遊具的區域，如溜滑梯，可攀爬、可「鑽山洞」的遊具，這些也是最常見到的遊具設施。

有些園所設有沙池或小型游泳池。社區戶外公園常可看到供幼兒遊樂的遊具設置區，如搖椅木馬、蹺蹺板。以前可以看到「地球儀」和「雙人搖椅」，現在則不常見。

也有園所在教室內可以看到小型的球池和室內溜滑梯等遊具，但比較少見。倒是有些商家會在角落設置幼兒遊戲區，提供幼童玩樂的區域。

設置大型遊具的種類會受社會文化生活型態與自然環境、氣候

幼兒托育園所遊戲遊具區（溜滑梯、攀爬類遊具最常見）

公園的遊戲遊具區（吊繩索）

的影響。一般遊具區都是在自由活動時間，讓孩子自主選擇想玩的遊具。但運用現有遊具設施，教師也可以安排活動課程，作為體適能訓練的一部分。

 二、指導教學計畫

(一) 營隊活動

做事要有計畫，教學工作也需要計畫。如果是採夏令營、冬令營營隊的方式活動，全期的教學計畫通常是要安排為期一個月、一兩週，或一兩天，甚至僅有一天的活動日程。

課程可以如同製作功課表般將活動時程安排好,再根據排好的時間詳細規劃每個時段要做的事與要準備的器材與道具。通常營隊活動第一天都會安排報到、分組和「認識新朋友」的活動,然後在活動結束前也會安排頒發證書,成果發表等同樂活動。

營隊活動常以年齡階段分組,幼兒有時單獨一組,有時則與低年級孩子同組,所以仍是混齡課程,通常在指導內容的安排上要能很有彈性,可隨時調整學習內容的難易程度。

表8-1　兩日營隊活動之計畫表

「誰是小小神射手?」運動休閒體驗營			
(第一天課程)			
	課程名稱	學習內容	活動地點
	報到	領取名牌	
9:20 ｜ 10:30	韻律活動	1.暖身活動 2.運用肢體遊戲和朋友互動,認識新朋友	韻律教室
10:30 ｜ 11:30	射箭簡介 (充實知識)	1.分編小組 2.認識射箭場地設施 3.認識弓與箭的構造	射箭場
11:30 ｜ 12:00	射箭基本 (動作練習)	初次體驗如何射箭	射箭場
午餐時間,休息一下!(F棟2樓教室)			
13:10 ｜ 14:30	體適能遊戲 (籃球)	1.球類運動暖身 2.籃球基本動作練習	籃球場
14:40 ｜ 15:30	射箭練習	再次體驗射箭活動 複習	射箭場
	準備回家	休息(點心時間) 等待家長接迎	教室
回家休息,明天見!			

（續）表8-1　兩日營隊活動之計畫表

（第二天課程）

	課程名稱	學習內容	活動地點
9：00 ｜ 9：15	準備上課囉！	1.材料準備 2.領取課程講義	
9：20 ｜ 10：30	手工香皂製作與包裝	1.認識手工香皂的製作方法 2.利用天然材料染色與製造香味 3.宣導身體衛生保健概念	教室
10：30 ｜ 11：30	射箭基本 （動作練習）	1.介紹箭靶與國際比賽規定之計分方法 2.複習射箭方法	射箭場
11：30 ｜ 12：00	射箭 （分組練習）	1.模擬射箭比賽 2.學習計算分數	射箭場
午餐時間，休息一下！（F棟2F教室）			
13：10 ｜ 14：30	室內遊戲與球類活動	1.分組 2.幼兒與低年級遊戲 中高年級球賽	籃球場
14：40 ｜ 15：30	射箭練習	複習與練習	射箭場
15：30 ｜ 16：00	射箭比賽 「誰是小小神射手？」	分組射箭比賽	射箭場
	頒　獎	頒發獎狀、研習證書 合照	小禮堂

※課程時間依學員實際演練情形可能調整。

(二)全期課程

　　當決定接手教學活動就應該確認一學期的課程有幾週，或是補習班一期的課程有幾次，確認後要排一個較長期的課程計畫。

才藝藝能的補習，例如音樂或律動的課程，有時會規劃一系列有系統的學習課程。在此教學系統下要學習整套（全期）的課程，需要費時共幾年，以及共分為幾期、幾個階段，都是已經訂定好的。這樣的系統性課程，指導者通常要通過考試招募與培訓課程，才能清楚該教學系統的計畫並實施教學指導。

一般幼稚園通常授課五個月，國小附設公幼則比較例外。參與園所課程的老師，學期計畫、月計畫、每次（每週）的授課計畫都應該事先規劃，特別是學期的計畫。

指導者要確認行事曆，園所每年都會有固定的活動，節慶活動、運動會、始業與畢業典禮、家長參觀日等，都必須先確認，因為這些活動日的當天可能園所都會要求教學成果的發表。所以指導者要提早確定排定時程，不要為了安排表演內容影響到幼兒學習時間，每次分段安排練習，編排小品。一般來說，平日上課指導者有教會幼兒基本動作，只要動作熟習，配上音樂，安排表演時的舞臺

幼兒運動會律動表演（發表活動不宜占用正常教學過多的時間）

位置，決定服裝就可以發表了。

　　適當的提供孩子成果發表的表現機會，其實可以讓孩子領略學習內容如何組織，如何在團隊中負起責任，好好地學習、好好地表現，不但可以提升孩子學習的興致與樂趣，也可以讓幼兒家長知道孩子的學習狀況。

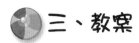 三、教案

(一)課堂基本資料

　　教案是指每次課堂的教學計畫。一份完整的教案必須包含課堂基本資料，像是單元活動名稱、教學目標、場地位置、人數、幼兒的人數、年齡層，還要包含上課的活動內容與流程。在活動流程的紀錄中標明每一個時間段落所需要使用到的教學設備、配置的時間長度、進行方式、指導評量或教學回饋的方式。

　　教案的寫法通常有大致固定的格式，但其格式可以調整變化，重點在於把每次教學的具體內容與流程詳加記錄。紀錄可以保存，提供教師日後的研究與修正，也可能在必要時讓其他的指導者清楚知道孩子在此課程曾經學習過的內容，當然也提供家長或教育機關備詢。

　　活動名稱可以配合園所教學單元訂定之。教師將單元活動與設計的體能活動、律動活動、音樂活動連結，並為自己所設計的課程活動「命名」，訂定一個貼切活動內涵的名稱。例如：「海洋世

界」其課程內會出現海洋生物、海水動態、水中交通工具，以此可以借用名稱模仿或學習動作或歌曲。

課程標準則是依照《幼稚園課程標準》在健康、遊戲、音樂、工作、語文、常識六種領域中歸納分類。幼兒體能與律動可能與健康、常識領域有關，其活動的方式可能與遊戲、工作有關，而學習的內容可能與音樂有關，而2017年頒布的「幼兒園教保活動課程大綱」，也將幼兒園課程分為身體動作與健康、認知、語文、社會、情緒六個領域，幼兒體能與律動與「身體動作與健康」領域最有關係，當然與認知、語文、社會、情緒也有關係，端看教師教學內容的設計。

課程本身會有教學的「大目標」，每一次活動也會有比較具體的教學細項目標。設計活動與每次授課都必須確立。一般性目標之敘寫方法會用到「認識」、「瞭解」、「熟悉」、「運用」、「增進」、「擴充」、「充實」、「發揮」、「滿足」、「表現」、「遵守」、「維護」、「體驗」、「發展」、「喜歡」、「欣賞」、「養成」等詞彙，用以敘寫單元目標時使用。

再者，訂定教學目標應以學習者本位來敘寫，也就是以幼兒本位來敘寫。例如，教學目標是「幼兒能認識到身體的部位」、「幼兒能做出拍球的動作」、「幼兒能夠一邊拍球一邊身體位移（運球）」、「幼兒能夠進行拍球的團體活動」、「幼兒能夠融入活動中，與其他小朋友共同參與運動遊戲」等。

(二)活動流程

授課內容也就是活動本身，是最重要的，活動的流程包括準備

活動、主要活動（發展活動）、回饋活動。教案中，活動流程的撰寫方式並不限文字，可以照片、圖示表示之，重點是要清楚記錄教學內容。

準備活動也稱爲引導活動。引導活動可能是暖身活動或引起動機的活動。引起動機可能是探索活動，比如怎麼樣可以通過平衡木，用平衡木可以玩什麼遊戲。也可能是故事引導，從故事中引導出課程要進行的活動。透過引導活動已經引導孩子們知道當天的相關主題。

「主活動」是一堂課的重心，分配於一堂課的時間比例可能最多，由於是接應著引導活動發展導主要活動，所以也被稱爲「發展活動」。發展活動必須包括該當科目基礎，基礎動作、基礎技能、基本練習。

該次活動的主活動在基本練習結束時，通常會安排接續的「次活動」，這個活動可能是兩個或數個基礎的連結，然後可以彙整發展爲一個綜合活動。綜合活動可能以闖關、達成目標、競賽等方式組合，主要是讓學習者能學到與活用組織的方式。

評量與回饋檢討就是在綜合活動結束後，當日授課也即將進入尾聲，指導者會確認孩子們是否將這一堂進行的課程都學會了，哪一位孩子做得比較好，哪一位孩子雖然做得不好，但已經能做到了，或是哪幾位孩子需要再給予時間加強，在活動中可以觀察出來予以評量紀錄。此外，課堂即將結束時可能會再次聚集孩子，問孩子這堂課做了什麼、學會什麼，不但給予回饋，並爲下次的授課內容鋪陳。

表8-2　教案的基本格式與撰寫內容

活動名稱		（根據活動特性命名活動名稱）		課程標準	（幼稚園課程標準）	
時間		年　月　日		時數	?分鐘 （　：　～　：　）	
班級		（大班、中班、小班、幼幼班） （初級、中級……） （第一期、第二期……）				
教學準備		園所（指導者應準備的教具或器材）				
教學目標		（課堂中幼兒將習得的動作或養成的適能，或情意性、認知性目標）				
教學活動						
節　數		教學流程	時　間 （分）	教學資源 運用	評量方式	
活動流程	準備活動	（說故事引導） （探索） （暖身活動）	（所占時間）	（教具說明）	（階段性教學目標達成的判斷方式）	
	發展綜合活動	（主題活動） （基本練習） （連結活動：兩個基礎的連結） （整合活動或目標達成的競賽遊戲）	（所占時間）	（教具說明）	（階段性教學目標達成的判斷方式）	
	評量回饋	（根據教學目標確認幼兒學習狀況） （活動內容回顧） （心得感受分享）	（所占時間）	（教具說明）	（階段性教學目標達成的判斷方式）	

表8-3 教案撰寫範例

編寫者：敬廷、郁婷老師

活動名稱：小青蛙玩球球	適用班級：中小班，26人	教學日期：2016/12/15
教學地點：戶外／室內	六大領域：體能	時間：45~50分鐘
教學資源：紙球、呼拉圈、橡皮筋繩		

教學目標：	具體目標：
1.提升跳躍能力 2.提升投擲能力 3.提升肌耐力能力	1.跑跳訓練 2.手眼協調訓練 3.腳力訓練

活動過程	目標	時間	教學資源
(一)引發動機 　　兩位教師戲劇對話。討論青蛙會做什麼動作，正在做什麼事（跳躍、玩紙球）	引導孩子們進入情境	5分鐘	紙球 呼拉圈
(二)發展活動 　　暖身活動： 　　1.唱跳暖身 　　2.做操	暖身，讓孩子們在接下來的活動中不易受傷	8分鐘	音樂- 捏泥巴
基本動作教學： 1.跳躍 2.投球 3.撿球	1.幼兒能單、雙腳連續跳 2.幼兒能做出擲球動作動作 3.幼兒能快速地跑去撿球並折返原位	10分鐘	紙球
活動一： 1.讓小孩子排好隊 2.指令小朋友們向前跳的動作 E.g.：連續跳兩下，單腳跳 （參照**圖8-1**）	能否達成連續單腳跳或雙腳跳的動作	15分鐘	呼拉圈
活動二： 1.把小朋友分成兩組 2.將橡皮筋繩擺放在中間 3.給他們兩組各20顆紙球，讓他們將球丟到對方的領域，限時競賽	確定孩子們能將紙球投到50公分或100公分的距離 能否快速撿球並做出連續的投擲動作	15分鐘	橡皮筋繩 紙球
(三)結束活動 分享今天兩個活動的想法 愛的鼓勵	確定孩子們是否安全完成這些活動	5分鐘	

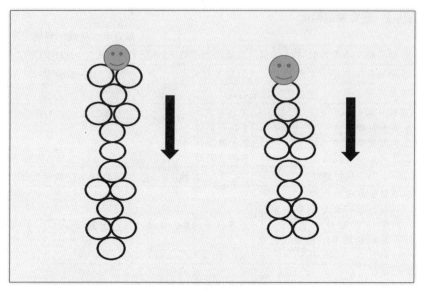

圖8-1　活動一示意圖

說明：圖中圈圈為呼拉圈，小朋友們聽從指令開始，如箭頭所示，跳第二次時再
　　　從往回跳。

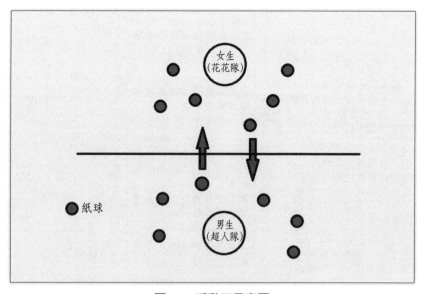

圖8-2　活動二示意圖

Chapter 9　課程與教學的概念

- 指導課程
- 教學指導
- 教育理念

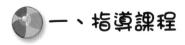 **一、指導課程**

(一)課程

　　課程（curriculum）是一個廣泛的概念，包括安排學習的科目、學習者的學習經驗、教師或指導者設定的教學指導目標，造就一個有計畫性的學習機會等。所以課程牽涉計畫、設計、編制與發展。現代與課程有關的理論，有以學科為主、以人本精神為主、以社會改造為主。以學科為主的課程強調知識的學習，以人本精神為主的課程堅信學生自發與自我實現，以社會改造為主的課程強調為社會進步而努力的創新科技。但都強調學習、人性的自信與動力、對人類福祉、對社會有益。

　　以幼兒在園所的學習來說，園所計畫性的安排哪些學習科目、怎麼去實施，就是課程的安排。托兒所是以幼兒照護保育托育為主，一般會強調無課程上的安排。不過，臺灣目前有托育與幼稚教育界線劃分不明確的現象，實際上許多托兒所還是很有計畫地安排幼兒學習的課程。

　　不同的年齡，學習的經驗與目標不同，安排的課程就有所不同。因此，各國教育單位會設定不同的課程標準。課程標準列出課程領域，以界定幼兒學習內容的範圍。

　　我國「幼稚園課程標準」於民國18年就有頒布，民國42年已頒布課程領域以能融入生活為主，包括「健康生活」、「遊戲生

活」、「音樂生活」、「勞動生活」、「語文生活」、「科學生活」；民國70年課程標準包括「健康」、「遊戲」、「音樂」、「工作」、「語文」、「常識」。與幼兒體能與律動直接有關的課程是健康、遊戲、音樂領域三項，但其側面仍與工作、語文、常識有關。民國106年8月生效的《幼兒園教保活動課程大綱》則是將課程範圍，包括「身體動作與健康」、「認知」、「語文」、「社會」、「情緒」、「美感」六大領域，其中與體適能與律動最有關係的是身體動作與健康，以及美感。而鄰近的日本，其幼稚園的教育課程則分為「健康」、「人際關係」、「環境」、「言語」、「表現」五個領域，與體能律動最有直接關係的課程是健康、表現。

(二)核心素養

我國新頒布的「幼兒園教保活動課程大綱」的課程架構明示，欲透過統整身體動作與健康、認知、語文、社會、情緒、美感六大領域培養幼兒的「知覺辨識」、「表達溝通」、「關懷合作」、「推理賞析」、「想像創造」、「自主管理」六大核心素養。

教育部頒定新版「幼兒園教保活動課程大綱」中所提到的幼兒六大核心素養的培養，可以做以下解讀。

首先，將自己生活周遭所看到的、聽到的、觸碰到的事物，將這些感官上獲得的訊息，以自己能理解的程度去瞭解分辨期間的關係，這就是「知覺辨識」。其次，無論是用表情，還是畫圖，或是行為動作的表現等，幼兒可以借用這些方式表達自己與理解他人的感受，學習如何「表達溝通」。此外，臺灣是一個多族群、多元

文化的地域，幼兒能知道自己是哪裏人，也能理解世界上有和自己不同的國家、不同的民族族群，大家都有不同的文化，學習理解與尊重與自己不同的世界，不論是誰都可以共同遊戲、共同學習、共同討論解決問題的方式，這就是「關懷合作」。幼兒會開心地自己理解與分享自己做過的事與知道的事；也能懂得去瞭解其他小朋友經驗過的事，將自己與其他小朋友經驗與理解的事物加以整合能夠「推理與賞析」。幼兒對自己看到、聽到、學會的事與幼兒曾經感受到的經驗，仍可以抱持想要變化、想要更新的精神，抱持「想像創造」的精神。幼兒要聽懂父母與園所教師指示哪些事可以做，哪些事不應該做的規範，並學會「自主管理」，學習自己做好並控制好自己的行動。

二、教學指導

　　教學是課程的實施，牽涉教師實際作為，以採取什麼樣方式讓孩子學習，涉及學習的內容與評估學會與否。

(一)主題式教學

　　主題式教學（phenomenon-based learning），顧名思義是以某一個主題為核心的教學方式，是統整性課程，也是一個跨領域整合各學科的教學方式。由於傳統教學以教師準備好課程，學生學習，教師經常過度介入是其缺點。所以採主題式教學，其做法是由一個主題為始點，幼兒與孩子共同發想與討論，指導者協助幼兒歸納出

課程發展的概念路徑，是一個網狀式的路徑。

例如一學期以一個專業舞臺劇的演出作爲執行和實踐教學成果的方式，戲劇演出需要劇本、動作、表現、配樂、舞臺工作等，整體的活動圍繞著主題在運作。劇本牽涉時代背景、語言、文學、文字撰述、表達傳述；動作牽涉動作技巧、動作組合、體育教學；表現包括情緒、肢體、服裝、言語；配樂包括音樂演奏、演唱、歌詞、配樂與音樂剪輯、音樂欣賞；舞臺工作包括認識劇場、觀衆、票務、音響機械操作、舞臺管理，並透過教師圍繞著某種大的概念吸收知識與技能。孩子們透過互助分工與實施主題獲得連結跨領域的學習，這樣的學習事實上也包括溝通、文化、貫連、比較、社區、連結學科，讓孩子深入瞭解核心主題概念。

(二)單元教學

單元教學（unit learning）是以一個日常生活的重要問題爲中心的完整學習活動。單元是幼稚園編制教學課程的單位，而「單元教學」是指一個完整的單元教學活動，它兼有課程的四個要素：即目的、內容、方法及評量。單元整合稱爲大單元；每一次的活動可以是小單元。

單元的內容有大小範圍之分，對大班的幼兒而言，其生活經驗、統整能力、學習的持續力，均比中小班幼兒適合選擇內容寬廣的單元。以大班選擇「海洋世界」的單元而言，中班可選擇「水裏的動物」，小班則可選擇「魚」的單元。單元活動時間可隨幼兒的興趣做彈性調整，通常小班二至三週，中班二至四週，大班二至六週。

表9-1　幼兒體能教學單元例

週次	大單元	小單元活動名稱	活動資源教具	體適能指標
1	動物世界	青蛙樂園	徒手	敏捷與速度
2		新朋友	墊子	
3		大腳獸	組合墊子	
4		追趕跑跳碰	敏捷梯（梯繩）	
5	童話故事總動員	長髮女孩	圈繩	平衡與協調
6		三位好朋友	平衡木、網子、蛇籠	
7		三隻小豬	氣球傘	
8		小紅帽	小梯架	
		（中間省略）		
22	綜合活動	運動會		綜合體能
23		樂園	戲水活動	
24		評量	評量器材	

註：第9週至第21週省略。

(三)角落學習區教學

　　角落教學（corner teaching）又稱為學習區教學（learning area teaching）。幼兒園的學習區（角）是類似小範圍空間區隔規劃，也很像賣場幼兒玩具區會分類規劃的情形，可以讓幼兒在某個角落學習區內遊戲，比較不會受到干擾。每個學習角提供幼兒自我探索的空間，依幼兒個人自由選擇嚮往的教具或玩具，充分發揮自我學習的本能。包括圖書角（區）、娃娃角（區）、益智角（區）、積木角（區）等等；也有科學角（區）、音樂角（區）、體能角（區）、烹飪角（區），由教師指導者規劃布置，或與孩子共同商討布置。每一個角落都顧名思義放置相關教具、圖書、器材。例

如，娃娃角放置可以裝扮扮演人物角色的服裝、布幔、梳子、鏡子、小床、小桌等生活會用到的道具，或是常見職業的相關道具，像是醫生的玩具聽診器、工程師的玩具工具箱；此外，也可以包含世界各個民族、族群的服裝或娃娃，幼兒在娃娃角玩扮演或家家酒遊戲等社會性遊戲時，教師可以藉此觀察幼兒對這些角色或遊具功能的認識。

體能角包含幼兒托育園所的室內或戶外，得以讓幼兒施展大肌肉的粗大動作活動，除了幼稚園溜滑梯、單槓、小車等設施之外，也可放置輪胎、圈環、泡棉、墊子等使用變化性較大的教具。由於律動包含了身體動作與音樂活動，因此學習角落通常包含體能角與音樂角。音樂角則會放置各式得以製造不同音色、不同使用方式可以製造出節奏變化的樂器或器具，以及可以學習音樂的認知教育卡，當然可以包含幼兒可以操作的簡易音響設施。

孩子在角落遊戲，空間讓孩子有時是各自操作，有時是與同伴合作，不需要老師從旁指導以免變成干擾，同時培養幼兒自我糾正能力。但教師仍應詳細地觀察記錄幼兒的行為，要扮演輔助引導的角色。教師要藉由每個角落促進幼兒身心均衡發展，培養健康習慣與態度，發展運動興趣與能力，獲得自護、自主的能力。

三、教育理念

私立的托育園所有時為了強調自己的園所抱持某一種好的教育理念，所以會作為園所的命名。例如，「愛彌兒托兒所」、「福祿貝爾幼兒園」、「華德福幼兒園」、「華德福實驗中小學」、「蒙

特梭利幼兒園」等，都是常看得到或聽過的園所名稱。

(一)愛彌兒

　　《愛彌兒》是一本書名，也是本書主角的名字。這本書於1762年出版，由法國的社會學家盧梭所著，被稱為西方第一個完整的教育哲學。原是關於敘述人類天性的論文，小說中的主角愛彌兒和她家庭教師的故事，是致力探討個人與社會政治和哲學問題，探討個人如何在不可避免趨於墮落的社會中保持善良天性，是第一部教育的小說。教育出一個理想的公民必須注重身體的養護與拒絕誘惑。

(二)福祿貝爾

　　福祿貝爾是人名，是德國的教育家。福祿貝爾（1782-1852）創辦了第一所幼稚園的學前教育機構，是現代學前教育的鼻祖。

　　福祿貝爾認為遊戲是兒童內在的本能，尤其是活動本能的自發表現，也是幼兒時期最純潔、最神聖的活動，活動的本能會逐漸發展成為創造本能。對於兒童的教育不應加以束縛與壓制，也不應該揠苗助長，要順其本性，滿足本能需要。

　　遊戲和手工作業是幼兒期最主要的活動，知識傳授只是附加部分。幼兒上課教以口語講述，而不需要學習文字。幼兒教師最主要是妥善地加以指導以及設計各種遊戲活動。重視手工教具的準備，教具稱之為恩物；並且重視環境布置，主張幼兒園要設置花壇、菜園、果園。

(三)華德福

華德福（Waldorf）原是德國一名為華德福阿斯托里亞（Waldorf Astoria）菸草工廠內設置的學校名稱。該校的起源是在1918年第一次世界大戰結束後，在德國軍隊前線大部分的公司都倒閉了，只有在司徒加（Stuttgart）這個地方，由愛彌爾‧莫特（Emil Molt）先生所領導的華德福阿斯托里亞菸草工廠是少數的倖存者。莫特總裁是位傑出的商人，也是積極的社會改革者，他非常熱中於魯道夫‧史代納（Rudolf Steiner，1861-1925）的哲學。

史代納是提出身、心、靈發展理論的學者。他認為幼兒生命福祉的受照顧與否，會影響幼兒一生「自由的問題」與「命運的問題」。由於莫特支持史代納理想設置一個學校，名為「華德福學校」。因此，華德福也被稱為是一種教育方法，亦被稱之為「史代納教育」。

「華德福學校」必須男女合校，十二年制一貫教學，學校直接與兒童一起工作的教師，必須是學校經營的主持人；同時，這個學校必須執行控制，將政府及經濟的干預減至最低。

(四)蒙特梭利

蒙特梭利是人名，瑪麗亞‧蒙特梭利（Maria Montessori, 1870-1952）是義大利幼兒教育學家，她在1897年開始發展她的學說和方法，是為「蒙特梭利教育法」。蒙特梭利教育法強調孩子要獨立，給予有限度的自由，並且對待孩子應該尊重其心理的、生理的、社

會的發展狀況，也就是尊重人的天性。

　　蒙特梭利教育法摒除獎懲制度，著重智慧和品格的養成；在學習上採混合年齡教學，沒有課程表。教師是一個引導者，以兒童為中心，注重日常生活教育；尊重兒童的成長步調，但要把握兒童的敏感期讓孩子學習，配合兒童的環境及豐富的教具推動感官教育的學習。

Chapter 10　觀察與評量的基本概念

- 評量的意義
- 評量的方法
- 幼兒體適能與律動的評量

一、評量的意義

(一)幼兒發展評量的意義

　　評量（evaluation）是蒐集資訊做出評斷基準，進而作為可能提出改善方法的歷程。課程計畫過程要包含目標與目的、課程的設計、課程的實施，即教學，最後還包括了課程的評鑑，此課程評鑑本質上具有解釋與價值判斷的意義。

　　幼兒身心發展是否得宜；幼兒身體動作的表現是否與該年齡的大多數人相近；大多數幼兒會表達的情緒，某幼兒是否反應不同；幼兒經歷過的經驗是特殊的還是普遍的，這些訊息的蒐集都需要藉由指導者的觀察、詢問、測試、檔案照片等個人資料的蒐集方式將其記錄整理。

　　幼兒發展評量的意義是整合幼托照顧和幼兒教育的方法，在完整和適當教學指導的介入過程中，透過觀察和其他方法所累積的訊息，成就更多決策的指引。

(二)評量條件的意義

　　若某幼兒能夠連續拍球20次，原則上指導者無法單單憑藉著20就知道這樣的動作表現是很厲害了，還是能力很弱；也就是說，無法判定其表現的好壞。但是，當我們知道大多數同齡幼兒，或擁有同樣練習條件或學習背景的幼兒都能連續拍球20次，那就能做出

比較正確的判斷，這表示只有在比較中才能知道優劣評價。也就是說，任何一種測驗或觀察記錄所獲得結果的原始分數本身並沒有實際意義，要進行比較須建立一個用來解釋原始分數的參照標準，這個參照標準就是「常模」（norm）。有很多幼兒發展評量量表有按照年齡、性別等條件建立的不同的常模。

「信度」（reliability）是指評量工具的可靠性或穩定性程度。比如，我們用體重計來測量體重，無論是今天量還是明天量，也無論是A家廠牌，還是B家廠牌所製造的體重計，須量秤出同樣接近的結果。如果得到的結果是一致的，才能說這個體重是可信的。故對於幼兒的評量也是一樣，在其結果上必須具有較高的信度，才能使家長或教師指導者信服。

一個真正有效的評量，其結果必須是該評量所想要表達的心理特徵或功能。故所謂「效度」（validity）是指評量所得結果的準確程度。例如，一套「幼兒簡明知覺動作測驗」，要能測驗出幼兒的動作知覺發展，如果它反映的是音感認知的水準，那此評量的工具與方式都是無效的。

以上說明在評量時，要有可參考比較的標準，評量的結果也要有穩定性，實施評量的評量內容必須確實是想要評量的內容。

二、評量的方法

(一)觀察

　　對於大學生或高中生可採用訪談或問卷的方式進行，中小學生則可以測驗方式進行評量；但由於幼稚園的孩子表達的能力有限，無法採用問卷方式進行瞭解，測驗與考試對幼兒而言壓力太大也不自然，因此，教師透過觀察（observations）與記錄的方法來確認幼兒的發展狀況是非常重要的手段，也是研究孩子行為最重要的方法之一。

　　一般幼兒指導老師日常生活都與孩子相處，因此指導者就是邊帶領孩子邊進行觀察，即在自然情境下做觀察。但有時是幼稚園的相關人員做觀察，可能會在不干擾孩子的情況下從旁觀察。甚至可能進入觀察室，幼兒在觀察室內活動，觀察者在觀察窗外觀看。有時為了研究，孩子會經歷的事是經過事先安排的，例如，所謂著名的幼兒自制力的「棉花糖實驗」，就是刻意安排孩子是否能忍受不被獎勵誘惑。

　　觀察的結果需要記錄，有了記錄的資料才可以分析。觀察記錄（observation records）可以採時間為標準或採事件為標準，也可以事先編制題目進行測定。

　　時間觀察以特定時間，早上、中午、下午，或是每一個鐘頭、每兩個鐘頭觀察記錄一次，這樣的方式稱為時間取樣法（time

sampling）。可以一次觀察多位幼兒，對於欲觀察的行為，要蒐集的資料容易掌握，但比較少描述到行為發生的前因後果，所以要視確定發生的頻率來定訂觀察時間。

幼兒指導者把將要觀察的事，無論是什麼時間，只要是觀察者認為值得記錄的事都可以記錄描述下來，這種方法稱為軼事記錄法（anecdotal records）。由於記錄完整可能會花用較長時間，也可能影響處理幼兒間的行為問題，所以有時不容易做到，但比較可以確切完整地記錄突發的事件。

(二)評定量法

評定量法（rating）雖然也需要透過教師或指導者的觀察來評定，但將要觀察的內容事先編定成題目，例如，「聽故事時，幼兒會坐好聆聽」，然後設定頻度，例如，「從不」、「有時」、「總是」，如此就可以方便教師觀察，只要在頻度的尺度空格上打勾或畫圈，也就形成「聽故事時，幼兒從不會坐好聆聽」、「聽故事時，幼兒有時會坐好聆聽」、「聽故事時，幼兒總是會坐好聆聽」這三種評量記錄。

不過，教師在採取評定量法將觀察所蒐集的資料彙整後，如果有發現前後觀察評量的差異很大時，就要再注意，調整觀察的時間或觀察的題目內容。

(三)檔案評量

檔案評量（portfolio evaluation）原是用於藝術或者是寫作的科

目，將學生作品一一蒐集存檔，事後可以回顧並解析學習進步的情形。

要記錄評量時，也可以將幼兒生活的點點滴滴，例如，幼兒完成的「作品」或「成果」，或者是幼兒參與活動的照片、畫過的圖畫、錄影的記錄等資料，一一依照分類方式的時間序蒐集起來，再經歷一段時間後就可以檢視到幼兒在這段時間內做過的事、有什麼樣的變化與進步。

以上的方法都可以用於幼兒體適能或律動的評量，將幼兒學習或表演時的情形加以觀察記錄，定時的採用評定量法檢視幼兒表現，也將幼兒的照片、表現影像都蒐集起來，如此便能從學習的過程到其成果都能蒐集到評量資料。教師指導者依據幼兒整體評量的情況再予以決定指導方式，或活動設計有關的課程是否需要調整。

三、幼兒體適能與律動的評量

(一)動作評量

體能與律動主要是以身體動作發展上的評量為主，例如幼兒會做了什麼動作、動作表現是否穩定、能不能達到某種常模標準。動作的評量通常包括大動作技能與小動作技能。

大動作技能的評量包括：動作看起來靈不靈敏、善於使用攀爬登高設備、跑步平穩順暢、兩腿起跳、會單腳跳、會上下樓梯、會投擲丟球、會接球等，從動作的表現狀況去觀察是否能保持平衡穩

定、能協調順暢、在動作時間上能否控制節奏與韻律感、夠不夠靈敏可控制快慢、能不能用運動器具等。

小動作技能的評量，包括：會串珠子、握筆是否握得穩、會堆積木、挑選操作的玩具、會扣釦子、會拉拉鍊等，主要是觀察手部動作的操作，如能控制手指抓握的力道、手部與眼部的協調、能否達成手眼協調要達成的動作目的。

律動除了身體動作與體適能外，還與音樂表現有關。在音樂表現的評量上，包括：幼兒唱歌時是否保持正確的音階和音調能力、幼兒是否有回憶或理解歌曲的音樂特色的能力、幼兒音階辨識的能力、對道具素材是否感興趣、能否運用道具與各種素材作為表現的方式、對線條輪廓空間是否敏感、對色彩和細節表現是否敏感、對光和圖像或符號是否敏銳、對產生運動的想法是否有反應、對音樂是否有反應等。

(二)言語與認知

體適能與律動除了動作還包含理解，體適能與律動的理解牽涉了言語與認知。在言語的評量上，包括：可否用言語表達需求、說話是否清楚（不是喃語）、講話的對象包括幼兒同伴與周邊的成人、明白老師或指導者說的話、遵守規則、會回答問題；在認知的評量上，包括：能否辨別物品（道具）、能否辨別圖畫故事的人事物、能否說出顏色、能否數數、能否認識字母（如果是中文，則指注音符號的形樣）、能否學新詞或兒歌。

(三)人際關係與情意

　　體適能與律動除了動作還包含表現，體適能與律動的表現牽涉到幼兒人際相處互動與情意展現，包括：能否區別教師和訪問者、能否不過分依賴別人、是否能否與人合作玩耍、別的孩子要分享他的東西會不會過於焦慮、會不會攻擊別人、會不會告狀挑釁或嘲笑別的孩子、會不會畏縮不參與他人的活動、能否表現出自信、能否告訴別人喜歡什麼還有不喜歡什麼、能否自理、能否專心等。

教材活動
範例篇

Chapter 11 幼兒體能與指導要領

- 基本指導要領
- 指導者的基本工作
- 記錄方式
- 安排體能活動的原則
- 安排韻律活動的原則

一、基本指導要領

不同的教學指導法掌握了「如何學習」與「習得什麼」間的關係。但無論採用哪一種方式進行指導，都必須考慮活動的內容、教材、程序的安排、學習者心理情境等。以下是指導幼兒體能活動時，基本的指導要領：

1. 指導者可依據活動內容與特性為活動「命名」。
2. 每次活動必須將會用到的道具或教具事先準備齊備。
3. 必要時須事先做好場地布置。
4. 每次活動務必確認適當的課程安排程序，例如，每次上課應從引導、暖身、基本基礎、小連結，再接續團體活動或「對抗賽」，最後給予結束活動——回饋或檢討討論的時間。
5. 每次課程內容必須含括幼兒熟悉的部分和新的進度，例如，暖身活動建議不應每次上課都不相同，指導教學與訓練培養要並重。
6. 如有競賽或闖關達標活動，務必注意幼兒心理情緒的變化，必要時給予以安撫、鼓勵。
7. 每次活動完畢，訓練幼兒要有恢復場地與收拾的概念。

二、指導者的基本工作

在實施實際指導工作的過程中，指導者本身會涉及「事先準

備」、「教學指導過程」、「教學指導後的檢討」的程序。在此程
序上，指導者有下列基本工作要注意：

1.教師蒐集資料。

2.編創能力。

3.清晰瞭解自己設計的活動，是利用哪些素材做組合，可以讓
　孩子學到什麼，以及訓練什麼（教學目標）。

4.做記錄，用自己方便與理解的方式記錄自己的教材，但陪伴
　與指導才是重點，毋須花太多時間記錄孩子每一對話，甚或
　忙著照相蒐集檔案資料。

5.指導者間互通有無，交換訊息與心得。

 # 三、記錄方式

　　「做記錄」可以提供教學記憶，作為指導者將教材再現、或針
對指導過程檢討與反思指導的機會。有了記錄的資料，未來可以作
為提供日後教材延伸創新或保留重複再現的資料。不過，記錄的方
法很多，因時、因地、因事、因物，指導者找到簡便易懂的方法即
可。下列舉出數種可以提供「做記錄」的方式：

1.動作樣態畫圖呈現。

2.隊形和走位可以用形狀符號表示人或樂器道具的位置，位移
　的走位可以箭頭表示方位。

3.歌曲可直接用樂譜表示。非音樂科系畢業的指導老師，對於
　以五線譜記錄曲子可能會覺得不便，也會感到困難。建議可

以用簡譜方式記錄樂譜。所謂「簡譜」是以數字作為表達的記譜法，「Do Re Mi Fa Sol La Si」改成數字1 2 3 4 5 6 7的方式表示。例如，小蜜蜂的 So Mi Mi　Fa Re Re就是5 3 3　4 2 2。簡譜的調號可以註記在前，以CDEFGAB表示，C則表示C大調。指導者通常以人聲調整調高，因此幼兒音樂簡譜教材以「首調唱名」唱出。拍號則以4/4代表以四分音符為一拍，每小節有四拍；3/4表示以四分音符為一拍，每小節有三拍；6/8以八分音符為一拍，每小節有六拍。由於幼兒的練習曲通常音域不會太廣，拍子也不會太複雜，所以以數字方式應該很容易記錄，也很好理解。

當然，現在電子產品普及，大多數人會採用手機錄音的方式記錄旋律，需要使用時再搜尋音檔。不過，如果要作為書面資料，而且要快速做筆記，寫數字速度會快很多。

四、安排體能活動的原則

掌握真正要指導的內容，是專業指導者最基本的能力，也表示指導者是否真的具備專業的概念。體能課就該以體能教學為主，其他的學習內容為輔，體能指導必須在一個活動中占有足以成為主題的比重份量。以下列出安排體適能活動應該要掌握的原則（要學習與訓練的內容）：

(一)基本動作

1.強調保持平衡穩住的動作。

2.強調可以讓身體位移的動作。

3.需要用手或腳操作控制器材的動作。

(二)運動體適能

1.肌力：要用力、出力。

2.肌耐力：要用力，且維持一段時間或需要反覆操作一段時間。

3.心肺耐力：全身都動，維持一段時間長度。

4.平衡：做動作不能失衡跌倒，動作過程看起來穩定平順。

5.協調性：用兩個部位一起控制動作。

6.敏捷：要變換方向的活動，甚或快速變換方向的活動。

7.速度：強調快速完成。

8.複合練習：一次需要用到兩種基本動作，或動作過程會牽涉到兩種體適能要素。

 五、安排韻律活動的原則

韻律活動包含了音樂、身體兩個最基本的元素。專業的韻律活動老師在安排課程活動時，必須包含下列原則：

1.強調身體動作要素。

2.強調「表現」，學習如何表達。

3.經常會使用音樂做伴奏，配樂。

4.可以帶入樂器活動、唱遊活動和戲劇活動。

Chapter 12 韻律活動

- 手指謠
- 童詩童謠動作編創
- 活力健康操
- 整隊排隊
- 節奏與動作
- 來跳支簡單的舞吧！
- 模仿活動——重與輕、大與小、低與高

幼兒體能與律動指導

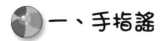

一、手指謠

重點：說白＋手部動作

(一)說白

「說白」原指戲曲中唱詞以外的臺詞，但在幼兒音樂教學中指的是歌曲的歌詞，不加入旋律，將詞句以說話的方式唸出，但仍保持節奏。例如常聽到的：

小皮球　香蕉油　滿地開花　二十一
二五六　二五七　二八二九　三十一

「童謠」是指兒歌，主要是指適合兒童能唱的歌，也就是加上了旋律。但為了適合兒童因此旋律較為簡單，音域不會太廣，通常一首童謠也不會太長，旋律可能經常反覆。

童謠搭配手部動作，特別是手指的動作，就可以成為所謂的「手指謠」。教師編童謠歌詞，由於只配合手部動作表現，所以只動上肢，故坐在座位上或地板上仍可進行活動。手指謠因為採用童謠說白，所以語句簡短，有時會有簡單明瞭易懂的主題。

(二)手指謠範例

■範例一

一隻手指頭　動一動　變成一隻毛毛蟲

兩隻手指頭　動一動　變成一隻小白兔

三隻手指頭　動一動　變成一隻小貓咪

四隻手指頭　動一動　變成一隻小螃蟹

五隻手指頭　動一動　讓我們一起來拍拍手

（原編者不詳，改編）

毛毛蟲

小白兔

小貓咪

小螃蟹

■範例二

　　我的小手　我的小手　要做什麼呢　要做什麼呢

　　右手握個拳頭　左手做個剪刀　變成小蝸牛　變成小蝸牛

　　我的小手　我的小手　要做什麼呢　要做什麼呢

　　右手做個剪刀　左手做個剪刀　變成小白兔　變成小白兔

　　我的小手　我的小手　要做什麼呢　要做什麼呢

　　右手握個拳頭　左手握個拳頭　　變成小雪人　變成小雪人

　　　　　　　　　　　　　　（用〈兩隻老虎〉的節奏）

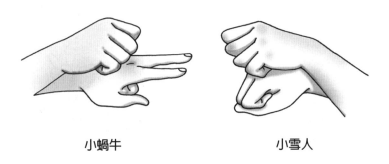

　　　　　小蝸牛　　　　　　　　　　小雪人

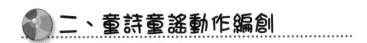

二、童詩童謠動作編創

重點：歌詞＋口白節奏＋動作表現

　　依照編創詞句、配合詞意動作編排、指導表現的順序，可以改變節奏、聲調、語氣、延長口語聲音。

可用外語童謠，由指導者翻譯並改編順口即可，然後配合詞意模仿動作與引導動作表現。

(一)老鼠弟弟出來遊戲

老鼠弟弟出來遊戲　老貓覺得非常生氣　噢！　吞下去

　　（摘自《奧福教學法》兒童音樂的一冊五聲音階，頁52。）

老鼠弟弟出來遊戲（模仿老鼠的樣子，遊戲的樣子）

老貓覺得非常生氣（模仿老貓，生氣的樣子）

噢！　吞下去（雙手舉起，之後手由上放下，拍拍肚子）

指導者可依據現有的作品，模擬自行編創，例如安排不一樣的動物就可能模擬不一樣的動物。安排重複就可以讓動作重複。例如：

魚兒　魚兒　游來游去　一天到晚愛遊戲　嗨！真有趣

漁夫　漁夫　捕魚去　一網撒下去　嘿吆！　嘿吆！　全部帶回去

(二)Five Little Monkeys

坊間出版的兒童美語教材都有記錄英語的短曲，指導者亦可直接意翻，然後調整中文使語意能夠順暢，動作特徵也能自行編配。例如：

Five little monkeys jumping on the bed,

One fell off and bumped his head.

Mama called the doctor and the doctor said:

"No more monkeys jumping on that bed."

翻譯後：

五隻小猴子正在床上跳

一隻掉下來　腫了一個包

媽媽打電話請醫生趕快來

醫生說 再也沒有猴子　會在床上跳！

五隻小青蛙　荷葉上在跳　噗通跳下水　沒有浮上來

呼叫小烏龜　把牠救上來　＊＊＊再也沒有青蛙在荷葉上跳跳

(三)Teddy Bear

Teddy Bear, Teddy Bear, Turn around　（轉圈圈）

Teddy Bear, Teddy Bear, Touch the ground　（摸地板）

Teddy Bear, Teddy Bear, Show your shoe　（身體重心放在左腳，右腳勾腳，右手指著腳）

Teddy Bear, Teddy Bear, That will do!　（原地跳兩次，跑離原本位置）

※換至其他位置後從頭複誦。

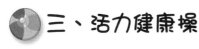三、活力健康操

重點：配合歌曲部分詞意＋音樂節奏＋動作練習

選擇附有歌詞的音樂，根據歌詞詞意編排動作，並配合音樂的節奏表現動作，動作可以次數重複，類似現在小學生都會參與的健康操教材。這樣的活動可以作爲暖身活動，當幼兒學會一套暖身操後，每次上課只要音樂一放，幼兒就會自己表現跳出動作。

動作的編排由原地踮腳、踏步、手部擺動，再做全身動作或扭動頭頸部的動作，要依序進行，符合暖身活動的程序，動作亦應該安排由簡單到難。

(一)健康操

目前全國小學有安排健康操的課程，下表是將健康操音樂重新剪輯縮短，動作重新安排的「健康操」：

童謠歌曲	動作
（前奏）	踮腳（腳跟提高、放下）
（說白） 123 321 1234567 我們是快樂的好兒童 身體好　精神好　愛清潔　有禮貌 人人見了都喜愛　嘿　嘿　嘿嘿嘿	（踏步） （舉手） （踏步，手向前推）
三輪車跑得快 三輪車跑得快，上面坐個老太太，要五毛，給一塊，你說奇怪不奇怪	（小跑步）
小猴子吱吱叫 小猴子吱吱叫，肚子餓了不能叫，給香蕉，牠不要，你說好笑不好笑	平衡單腳站立

童謠歌曲	動作
小毛驢 我有一隻小毛驢我從來也不騎，有一天我心血來潮，我騎著去趕集，我手裡拿著小皮鞭呀，我心裡真得意，不知怎麼嘩啦嘩啦，我摔了一身泥	「划船」動作，雙手伸直後用力收回，腳在雙手伸直時單腳往前跨一步。換邊。
小毛驢（第二遍）	右側跳後拍手，換邊
一隻青蛙 一隻青蛙一張嘴，兩個眼睛四條腿，撲通撲通跳下水，蛤蟆不吃水，太平年	蹲（預備動作），然後跳起，單腳舉高。換邊。
剪刀、石頭、布	小跳躍　用腳做「剪刀（雙腳交叉）、石頭（雙腳併攏）、布（雙腳張開）」，同時手臂也比「剪刀（雙手臂交叉在胸前）、石頭（下手臂靠近手肘碰觸手肘）、布（雙手張開高舉）」。
小朋友行個禮 小朋友我們行個禮，握握手呀來猜拳，石頭帕呀看誰贏，輸了就要跟我走。	（緩和動作）原地踏步
茉莉花 好一朵美麗的茉莉花，（中略）茉莉花呀茉莉花	吸氣吐氣 音樂終了，做個靜止動作（擺pose）

(二)Step in time

Step in time, Step in time, Step in time, Step in time,

Never need a reason,

Never need a rhyme,

Step in time, Step in time.　　　　　　　（頭挺胸，原地踏步）

跳躍　小跳　　　　　　　　　　　　　　（跳躍）

蹬　跳高　　　　　　　　　　　　　　　（跳得更高）

快樂小鳥飛呀飛　雙手張開振翅抖動（雙臂伸向兩邊，上下擺動）

小鳥旋轉飛呀飛　轉轉圈兒別摔跤　（原地轉圈）

小馬跑　雙膝跪地跑呀跑　　　　　（爬）

學栗鼠兒手腕前彎跳跳跳　　　　　（小跳躍）

造飛機　飛喲　　　　　　　　（雙手張開，到處跑）

（可以上網收尋到此音樂）

(三)讓我們來遊戲吧！

跑跳步	找朋友，和朋友打招呼
跳躍	和朋友用腳剪刀石頭布，不要在乎輸贏喲！
跑跳步	兩人一組，和好朋友手拉手跑跳步
屈身、小跑步	特定的小朋友手拉起來「搭橋」，其他的
（過隧道）	小朋友們穿過隧道吧！
身體的伸展、收縮	想像自己是一朵小花喲！
	花開（身體伸展、身體旋轉）
	花謝（身體收縮，成蜷縮在一起）
大跳躍	聽到重拍時，要用力跳高
旋轉	想像自己是個陀螺，身體轉呀轉！
	可以左轉，也可以右轉
	音樂停住，陀螺就停住了喲！
舉腿	想像自己是個胖嘟嘟的相撲選手
	蹲姿、拍掌、舉高右腿、再舉高左腿喲！
跑跳步	一邊跑跳步，一邊和朋友說：「拜拜！」

　　這幾年大多幼教老師都將時下流行的歌，取材作為幼兒韻律活動的音樂配樂，例如，2013年韓國偶像團體戴安全帽跳的舞，2014年流行大陸筷子兄弟歌手唱的〈小蘋果〉、〈妖怪手錶〉、兒歌〈卡加布列島〉等。提醒指導者，在編排舞蹈動作時，舞蹈的動作程度要依據指導的對象調整，不要完全模仿MV影片的動作。

四、整隊排隊

重點：短曲＋改編歌詞

　　指導者在上課時會經常要求小朋友變換隊形，可以採用簡單的短歌，編上指示幼兒聽從排隊的隊形，如此一來，每次需要調整隊形時，老師只要唱歌，小朋友就知道意思了。

(一)排排站

排隊歌

張瓊方 填詞　　　　　　　　　　　　　　改編自美國民歌"農夫"

一二三四五六七　排成一列　來　遊戲向前看齊向前看齊左看右看排整齊

(二)圍圈圈

　　圍一個圈圈　　圍一個圈圈

圍圈圈

圍個圈圈然後我們來遊戲

圍個小圈圈　圍個小圈圈　圍個圈圈然後我們來遊戲
圍個大圈圈　圍個大圈圈　圍個圈圈然後我們來遊戲

 # 五、節奏與動作

重點：認識音符＋與日常簡單動作結合

　　身體動作構成的要素包括了「時間」的要素，日常生活走路、
跑步、蹲下等動作都有一定的時間性。

(一)認識音符

介紹音符（時間長度），指導者教導幼兒辨識音符記號。

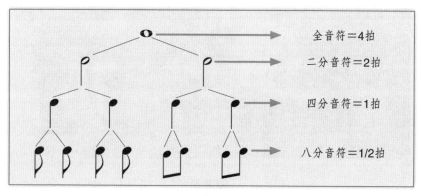

音符表

(二)節奏配合身體動作

指導者先指導每個音符代表的動作特徵。接著，指導者可擊鼓，但以口說1、2、3、4的方式「打拍子」；依照全音符、二分音符、四分音符、八分音符的順序以鼓擊音符節奏，並可反覆。請孩子配合節奏做身體動作。

音符記號	動作	動作做法
全音符	姿勢	四拍蹲下　四拍站起
二分音符	搖擺	兩拍搖擺到右邊（右腳單腳站、兩拍搖擺到左邊）
四分音符	走路	一拍走一步
八分音符	小跑步	半拍右腳、半拍左腳小跑步

(三)身體動作大合奏

　　將數個小朋友分成一組；每一組代表一種音符種類；一種音符以一種身體動作表示。

　　指導者像位指揮者，以樂器和口令提示，決定音符出現的順序，讓動作與音樂節奏同時表現。

 六、來跳支簡單的舞吧！

重點：聽旋律與節奏＋拍手＋簡單走步＋轉圈圈

　　只要結合擊掌、拍手、跑跳步和舞伴手勾手繞圓圈就可以跳首簡單的舞。隨著重複的旋律重複跳。

(一)土風舞

上網蒐詢Le Bastringlo，就可以查詢到這支法國土風舞的音樂與跳法。指導者可以調整拍手的次數（節奏），拍手也可以調整為拍腿；跑跳步可以改成走步，手勾手可以改成握手，動作難易程度可以調整。交換舞伴的方式也可以改變。

例如，先拍腿四次，再與舞伴互相擊掌一次，重複四次後，與舞伴牽起右手轉圈圈，然後換邊，意即舞伴改成牽左手轉圈。總共只有拍腿、擊掌、轉圈三個動作就可以跳舞了。

(二)Pata Pata

雙腳屈膝外展兩次，側點步兩次。

123（前行）、拍手，223（後退）、拍手。

左膝右肘相碰，右膝左肘相碰。

蹲姿預備，跳起後轉身（原地轉跳起轉圈，即空中旋轉半圈）。

踩步、扭臀。

（上網可以查詢Pata Pata音樂）

七、模仿活動──重與輕、大與小、低與高

重點：聽音樂強弱重拍＋配合強弱重拍選擇表現的動作

(一)聽音樂

教師選擇大聲、小聲、強弱鮮明的音樂讓孩子聆聽。

例如：

(二)討論

和孩子們討論辨別大與小、重與輕。

項目	重	輕
重心	低	高
體積	大	小
節奏	慢的	快的
聲音效果	強且大聲	輕且小聲
模仿動物、物體的意象	大象、老虎、熊、河馬、猩猩	蝴蝶、蜻蜓、蜜蜂、蚊子、蒲公英、羽毛
模仿動作	仿搬重物、拖著步伐、手用力拍（地）、腳用力（踏步）	踮腳尖、躡手躡腳、小碎步、手舉起模仿「飛」的樣子，搖晃模仿「漂浮」起來的樣子

(三)動作表現

指導者配合音樂，口語提示要表現的動作，用樂器聲效加強對重與輕的練習。

Chapter 13 體能與律動的綜合活動

- 手、腳、臀前進
- 由故事發展出來的遊戲
- 玩戲

一、手、腳、臀前進

重點：身體部位＋移動

一般走路與跑步是用腳讓身體位移。若爬行可能就是用身體前側，用手腳讓身體位移；或者手和膝蓋著地爬行。讓孩子自己探索可以利用身體的哪些部位著地，然後找方法試試看可不可以讓身體位移。

(一)用腳移動

請小朋友在紙上畫上腳形。畫完後，請小朋友將畫有腳樣的紙放在地板上老師指定的範圍內，老師可以調整圖畫擺放的位置，然後，讓幼兒依著腳形走過去。

(二)手腳移動

再畫出手形的圖，畫完後，請小朋友將畫有手形樣的紙同樣放在地上，手形與腳形的圖不要重疊，然後沿著手形與腳形的圖在地上爬行。手形與腳形要能分辨清楚，老師可以向小朋友解釋手掌與腳掌形狀的差異。此外，指導者可以先行示範或調整爬行路線，以便瞭解達成的難易程度。

(三)手腳臀都運用

再來增加屁股的圖形，然後以腳、手、屁股的順序，運用手腳屁股的身體部位，以爬行、坐姿、扭腰進行挪移。因爲臀部著地有安全上的考量，最好是在麗波墊上練習。

二、由故事發展出來的遊戲

重點：說故事＋模仿動作＋情境模擬

(一)《好朋友》的故事

■故事

小老鼠、小豬和公雞三個是好朋友，一起騎車兜風，一起玩捉迷藏，一起遊戲、一起工作，快樂極了！他們發誓要一輩子做朋友，於是提議：好朋友是永遠不分離的……所以決定晚上也要住在一起，可是住誰家好呢？

三個好朋友打算先去老鼠家睡覺過夜好了，到了老鼠家，發現老鼠家的門太小，公雞的頭伸進去後差點就被卡在洞口了。決定改到小豬家過夜，小老鼠鼻子太靈敏，不習慣豬的家有特殊的味道，又決定改到公雞家睡覺，可是公雞家雞舍只有一根木桿，木桿一下子就被小豬壓斷了。

最後三個好朋友決定各自回家，好好舒舒服服地睡上一覺後，明天大家還可以再約出來一起玩。好朋友並不是無時無刻都要聚在一起的，可以各自保有一個屬於自己的空間和時間。

（取材自上誼文化公司出版的《好朋友》。圖文：赫姆‧海恩。）

■動作探索

⊙老鼠可以怎麼表現？
⊙公雞可以怎麼表現？
⊙豬可以怎麼表現？
⊙兩個好朋友在一起可以怎麼玩遊戲？
⊙三個好朋友在一起可以怎麼玩遊戲？

■律動

找到適合的音樂，指導幼兒配合音樂節奏與旋律，模仿老鼠、公雞、豬的動作跳舞，也模仿跳出「三個好朋友」一起遊戲的樣子。

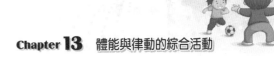

模仿跳動物舞之一

模仿跳動物舞之二

■體能活動

根據故事內容於教室內安排三個體能活動區，安排闖關活動。

⊙到公雞的家（走平衡木）。

⊙到老鼠的家（鑽蛇龍）。

⊙到豬的家（翻滾，墊上活動）。

布置成動物的家

在動物的家實施體能活動

(二)《烏鴉愛唱歌》的故事

在森林裡的大樹上，住著烏鴉爸爸和烏鴉媽媽，烏鴉媽媽生了三個蛋，之後孵出了三隻小烏鴉。有一天，烏鴉爸爸決定開始讓烏鴉寶寶們學飛。烏鴉爸爸說，你們看，只要跳離鴉巢，振動翅膀，就能飛了。

烏鴉大哥很快就學會了。接著，烏鴉二哥也勇敢一試，成功了。

剩下老三小烏鴉，但牠說什麼也不敢一試。烏鴉爸爸雖然失望，但答應小烏鴉下次再試，帶著烏鴉哥哥們飛了出去，留下小烏鴉看家。小烏鴉一點兒也不難過，開心地唱起歌來，愈唱愈大聲：「烏鴉愛唱歌，唱首快樂的歌；烏鴉愛唱歌，唱首快樂的歌。啦啦

啦……啦啦啦……。」小烏鴉唱得很開心，森林裡的小鳥們都飛了過來，聽小烏鴉唱歌。

烏鴉爸爸回來了，看到好多鳥兒聚集在牠家門口，就好奇地問明原因。一隻鳥兒說：「我們在聽小烏鴉唱歌呀！牠唱得好聽極了！」

烏鴉爸爸不相信的說，怎麼可能？沒聽過烏鴉會唱歌。烏鴉爸爸告訴小烏鴉，不准待在家裡唱歌。小烏鴉為了能唱歌，決定先學會飛。如果能飛出家裡，牠就能到外面快樂地、盡情地唱歌。

小烏鴉為了能唱歌，鼓起勇氣嘗試學飛，終於學會了如何飛。

（取材自格林文化出版社《烏鴉愛唱歌》）

邊唱歌邊遊戲或跳舞，例如：可以利用唱歌玩「倫敦鐵橋垮下來」，也可以學習烏鴉飛的樣子（動作）；或者因為小烏鴉要學飛，得從鳥巢跳出，所以可以安排跳躍練習，由「高處往下跳」。

用《烏鴉愛唱歌》的歌曲玩「倫敦鐵橋垮下來」

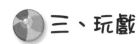三、玩戲

(一)老鐵匠與年輕的木匠

重點：樂器分類＋以故事情節串聯樂器聲效

■由故事引導，聽各個器樂發出的聲響效果

東邊大街上住著一位老鐵匠，每天認真工作在打鐵（聲效）。

西邊住著一位年輕的木匠，也很勤奮努力，時刻不得閒拚命的

敲打著木頭、木板（聲效）。

在老鐵匠和年輕木匠的中間住著一位富翁，很喜歡賴床睡覺。但是每天一早都會聽到東邊傳來（聲效）、西邊傳來（聲效）的聲音，他再也無法忍受了，決定和老鐵匠與年輕的木匠商量一下。我給你一筆搬家費，可以請你搬家嗎？老鐵匠答應了。富翁很開心，又跑去找木匠商量，我給你一筆搬家費，可以請你搬家嗎？木匠也答應了。富翁很開心，心想這下可以好好睡一覺了。原來，老鐵匠搬到年輕木匠的家，年輕木匠搬到老鐵匠的家。

（故事出處不詳）

■介紹樂器，樂器聲音辨識

鐵匠	木匠
鐵琴、三角鐵、雪鈴	木琴、木魚、響板、響棒

178

■ **唱遊指導**

> 我是一位老鐵匠　住在東邊的那條大街上
>
> 我是一位年輕的木匠　住在西邊的那條大街上

> 教師以故事引導旁白，幼兒在適當時間敲奏樂器。

(二)老鼠娶親

重點：選一個故事＋分配角色＋引導幼兒說臺詞＋結合動作表現

　　玩過家家酒的人都知道，家家酒本身就像是一場戲劇遊戲，孩子們利用生活周遭見識過的事，以他的認知利用言語發展劇情，其對話的臺詞並不會事先安排好。玩戲劇其實就是一種家家酒，只不過指導幼兒的教師可以事先安排故事，讓劇情朝一定的方向進行；並可以針對劇情內容安排一些音樂或肢體動作表現的學習活動。此外，玩戲劇不要拘泥一個角色僅由一個孩子扮演。

■ **引導活動：說白節奏**

> 吱吱吱吱　一隻老鼠　我的女兒　「芳芳」
>
> 漂漂亮亮　今年準備要出嫁
>
> 東挑挑呀　西選選呀　新郎在哪裡
>
> 吱吱吱吱　一隻老鼠　我的女兒　「芳芳」

■說白節奏＋打擊樂器

當小朋友們學會唸誦說白節奏後，指導者可以選擇各種小型的打（敲）擊樂器，像是響棒、雪鈴、三角鐵、小鑼、手鼓等樂器，先教會小朋友使用這些小樂器的方法，再大家邊唸說白節奏，邊敲打樂器。

$\frac{2}{4}$　響棒╱　雪鈴§　鑼◎

說白	吱吱吱吱	一隻老鼠	我的女兒	ㄚ 芳芳 ㄚ
響棒	╱╱╱╱	╱╱╱╱	╱╱╱╱	╱╱
雪鈴	§	§	§	§
鑼	◎			

說白	漂漂亮亮	今年準備	要　出	嫁　　ㄚ
響棒	╱╱╱╱	╱╱╱╱	╱　╱	╱
雪鈴	§	§	§	§
鑼	◎			

說白	東挑挑呀	西選選呀	新郎在哪	裡　　ㄚ
響棒	╱╱╱╱	╱╱╱╱	╱╱╱╱	╱
雪鈴	§	§	§	§
鑼	◎			

說白	吱吱吱吱	一隻老鼠	我的女兒	ㄚ 芳芳 ㄚ
響棒	╱╱╱╱	╱╱╱╱	╱╱╱╱	╱╱
雪鈴	§	§	§	§
鑼	◎			◎

■ 說故事時間：主題故事

　　老鼠爸爸看著自己女兒愈來愈漂亮，心想一定要找一個最了不起的新郎才能匹配自己的女兒。鼠爸不要把女兒嫁給會怕貓的鼠輩。聽說太陽是世界上最偉大的，於是鼠爸翻山越嶺、跋山涉水去找太陽。沒想到找到太陽後，太陽說雲一來就可以把我遮住了，所以雲才是世界上最偉大的；鼠爸又翻山越嶺找到了雲，雲說風來了就會把我吹走了，所以風才是世界上最偉大的。鼠爸又去找了風，風又說我再怎麼偉大也無法把牆吹倒呢！鼠爸回到家正要請牆做他女婿時，正巧一隻老鼠從牆身上打了一個洞鑽了出來。鼠爸這下才恍然大悟，老鼠最會在牆上打洞了。原來呀！老鼠新郎才是最了不起的女婿嘍！

■ 選角色

　　幼兒們可自由選擇角色，一個角色可由數人擔當。

角色	老鼠		太陽	雲	風	牆	布景	
	鼠爸	眾老鼠					山	其他
人數	1人	數人	1人	數人	數人	數人	數人	

■ 動作指導與分配角色

　　老鼠　（無論是鼠爸、還是眾老鼠，做出老鼠樣子的動作）

　　雲　　（手持扇子，左右或上下揮動）

　　風　　（手持飄帶，轉圈、搖擺、揮動波浪形、畫圓）

牆　　（數人排一列，手勾手）

娶親　　（小朋友們合力搭成一個「花轎」的樣子，某一位小朋
　　　　　友當鼠女婿坐在花轎上，或由老師揹孩子充當「花
　　　　　轎」）

■玩戲

⊙指導者講完故事，幼兒們就知道故事大略的發展方向，還有
　故事的情境。

⊙類似玩家家酒的方式，不用事先寫好臺詞，幼兒依照故事發
　展，讓孩子們自己對話。

⊙一個角色可由多人選擇扮演，小朋友們大家你一句我一句，
　劇情可以發展下去。

⊙教師可以適時引導，不要干預太多，何時哪個角色要出現可
　以給予提示，讓劇情有在發展即可。角色出現時，給予孩子
　做動作的時間，教師可以音樂引導。

⊙可以玩很多次，也可以交換角色，也可以抽出部分情節玩戲。

⊙教師觀察記錄，串聯與熟練。

Chapter 14
體能活動

- 比力氣
- 平衡練習
- 翻滾體操
- 球的活動

一、比力氣

重點：出力＋比賽

要完成身體活動，身體肌肉力量的訓練是最基本的。成人可以利用健身器材鍛鍊肌力，但幼兒卻不適宜，因此指導者安排幼兒需要使力的機會，像是舉重物、吊單槓、攀爬等活動，或者兩人互推較勁的活動。但注意：由於幼兒與幼兒間比較難控制力道，建議安排親子活動或先與指導者對抗，因爲成人或指導者比較能控制力道，也會注意小朋友們的安全。

(一)推牆壁

用力推堅固的牆壁，雖然不可能將堅固的牆壁推倒，但這樣的「使力」活動，其實是一種肌力的訓練。手臂有了力量，才可能訓練倒立、跳箱等需要用手支撐的活動。

用力推牆壁

雙手撐地，練手臂支撐力

跳箱雙手要支撐身體

(二)對抗賽比力氣

　　每兩位小朋友面對面坐下，手掌對手掌，聽到指導者喊開始的口令時，幼兒開始使力互相對抗。亦可躺下，以腳掌對腳掌，也是聽到指導者喊開始的口令時，幼兒開始使力互相對抗。注意地板材質，地面不宜太滑，否則一用力對抗，身體就會往後滑，建議可在麗波墊上活動。

　　由教師指定找勢均力敵的孩子配對，避免孩子過分在意輸贏。

比力氣

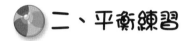 二、平衡練習

重點：走在線上＋保持平衡

讓孩子練習平衡，單腳站立和走平衡木是最常見的基本活動。走平衡木可以從沒有高度的走線開始練習，讓孩子練習眼腳協調、走在線上，不要失去身體平衡走到線外。

(一)走線

指導者在地板貼上膠布，讓孩子在膠布上面走線。或以其他方式，例如用木板條或畫一條有寬度的粗線。

走線

(二)走低平衡木

走線因為沒有高度,是最基礎的練習。指導者可慢慢增加高度,先讓孩子站在小板凳上保持身體穩定,接著可以練習在低平衡木上側行、前行,甚或轉身的動作。

走低平衡木

(三)123木頭人

123木頭人是大家都知道的遊戲,指導者背對幼兒時,幼兒要往指導者方向移動,當指導者翻過身來面對幼兒時,幼兒要立刻靜止不動。也就是練習快速移動後要穩住身體,保持平衡,使身體不晃動。

可以利用此遊戲方法，加入一些挑戰。例如，指導者口令喊跑也喊停，幼兒依照指示聽到「跑」時就要跑，聽到「停」的時候要停住，但位移過程中，誰先撿回石頭誰就獲勝。

誰先撿回石頭誰就贏

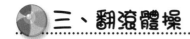 三、翻滾體操

重點：重心＋滾動原理（軸）＋練習

幼兒很喜歡墊上活動，可以在寬敞柔軟的地墊上自由活動。在墊上學會手部支撐的方式，訓練手部力量；學會身體收縮與伸展的身體控制，還有領略身體擺盪時的動力與身體控制。這些身體技巧是體操的基本練習。

(一)側滾翻

趴在地上，雙手伸直、雙腿伸直，側滾。

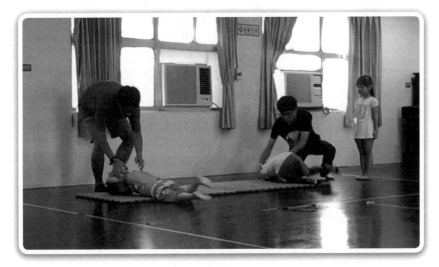

側滾翻

(二)搖擺不倒翁

盤坐地上，腳底對腳底，用手抓住腳，讓身體左右搖擺，給身體動力，然後順著右後肩著地、後背著地、左肩著地的順序，再回到盤坐的姿勢。因為身體以「畫圓」方式動作，會轉變方向。

搖擺不倒翁（盤坐在地，用手抓住腳，身體左右搖擺「畫圓」轉變方向）

(三)前滾翻

　　身體前彎到頭能鑽到兩腳中間後腦勺著地，雙手撐地，身體保持原狀，就能翻滾過去。

前滾翻（身體保持蜷縮狀，頭儘量伸向兩腳中間位置，像球一樣往前滾）

(四)後滾翻

後滾翻最重要是「動力」要夠。首先要先教孩子平躺，雙手手肘彎起，上舉至雙肩處，手掌朝地；如果能學會手的支撐，可以保護頸部。其實，多數幼兒因為身體柔軟，因此只要有動力就能後滾翻成功，但指導者仍應教會幼兒正確的手部支撐動作。

由於幼兒手部力量尚弱，無法有效控制並達到支撐身體的作用，且身體蜷縮後躺時容易用力不均，因此，經常會身體歪斜。指導者可以協助孩子調整身體位置。

後滾翻（手要支撐，身體保持蜷縮狀，像球一樣往後滾）

四、球的活動

重點：掌握各種玩球的基本操作動作＋練習

　　球有大有小，有氣球、皮球等材質不同的球；甚至可以塑膠袋填充空氣，也是一種氣球。設計各種活動讓孩子領略球的質感輕重，並用手、腳，甚或身體其他部位，體驗投、踢、擊等各種基本動作。

(一)球基本動作

　　1.投：投籃擲準、丟擲（擲準）、擲遠。

　　2.踢：

　　　(1)踢的探索。

　　　(2)踢的探索練習遵循方向。

　　　(3)各種水平高度。

　　　(4)踢準與控制。

　　3.滾動：

　　　(1)保齡球式：練習球滾動與發展手眼協調。

　　　(2)探索球的滾動與傾斜速度之關係。

　　　(3)練習滾球、目標準確、跑步位移。

　　4.擊球：

　　　(1)氣球、網球：探索擊球與發展手眼協調。

　　　(2)基準點擊球。

(3)高爾夫球式準確入洞。

5.拍球與接球：

　(1)拍球：練習接球並發展手眼協調與時間性。

　(2)高低拍球：練習接球並發展手眼協調。

6.接球：

　(1)拋接：探索接球並遵循方向。

　(2)器具接球：探索用不同器具接球。

　(3)雙人接球：探索並練習互助合作。

7.運球：練習用手運球並發展足眼協調。

　(1)路徑運球：用腳運球並發展足眼協調。

　(2)足球：練習用腳運球並發展足眼協調。

8.射球：氣球射球，練習射球並發展手眼協調。

大龍球

(二)對抗賽

可以在隊形上做變換，例如圍一個圓圈，球就不容易落到外圍。

亦可仿照排球活動，拉一條中線，線的兩邊都有孩子，一邊的幼兒將球拍到對方手上；另一邊可以指定規則做對抗賽，例如球若落地就失分。指導者亦可指定改由腳控球，就變成了「空氣足球」對抗賽（見示意圖）。

圍圈圈準備拍塑膠袋空氣球

對抗賽示意圖（可由兩位孩子牽線，餘孩子坐在線的兩邊，球要跨過中線）

參考文獻

一、中文部分

David L. Gallahue著，許義雄譯（1999）。《兒童發展與身體教育》。國立編譯館主譯。臺北：麥格羅·希爾印行。

Lilian G. Katz著，廖鳳瑞譯（1994）。《專業的幼教老師》。臺北：上誼文化實業股份有限公司。

王珮玲（1998）。《幼兒發展評量與輔導》。臺北：心理出版社。

卡爾·奧福、凱特曼著，蘇恩世、蔡烈光譯，陳惠齡增訂（1998）。《奧福教學法：兒童音樂第二冊——大調》。奧福研究推廣中心，頁52。

馬燕譯（2002）。《幼兒評量》。臺北：洪葉文化事業有限公司。

曼弗列德著，歐伯狄克繪圖，林良譯（1998）。《烏鴉愛唱歌》。格林文化出版社。

教育部國民教育司編（1996）。《幼稚園課程標準》。臺北：正中書局。

張春興（2004）。《心理學概要》。臺北：東華書局，頁181-213。

陳淑敏（1999）。《幼兒遊戲》。臺北：心理出版社。

黃瑞琴（1992）。《幼稚園的遊戲課程》。臺北：心理出版社。

曾錦煌（1997）。《兒童遊戲與遊戲場》。臺北：田園城市文化事業有限公司。

赫姆·海恩著，王真心譯（2009）。《好朋友》。臺北：上誼出版社。

二、外文部分

Bette J. Logsdon et al. (1997). *Physical Education Unit Plans for Grades 1-2 (2nd Edition): Learning Experiences in Games, Gymnastics, and Dance 2 (Sub Edition)*. Human Kineties.

Carol Totsky Hammett (1992). *Movement Activities for Early Childhood*.

Human Kinetics Books.

David L. Gallahue (1996). *Development Physical Education for Today's Children*. Brown & Benchmark.

Lois Choksy (1987). *The Kodaly Method: Comprehensive Music Education from Infant to Adult* (2nd Edition). Prentice Hall. p. 15.

Marie-Laure Bachmann. Translated by David Parlett. Translation edited by Ruth Stewart. Preface by Jack P. B. Dobbs (1995). *Dalcroze Today: An Education through and into Music*. Oxford University Press. p.331.

Parten, M. B. (1932). "Social participation among preschool children," *Journal of Abnormal and Social Psychology, 27*, pp.243-269.

デビッド・L. ガラヒュー著，David L. Gallahue原著，杉原隆譯（1999）。《幼少年期の体育・発達的視点からのアプローチ》。大修館書店。

玄田初栄、深谷禮子、本橋寿世、前村晃著，黒川建一、小林美実編著（1989）。《保育内容表現》。東京：株式会社建帛社。

文部省（1999）。《幼稚園教育要領解説》。東京：株式会社フレーベル館。

中村和彦（2003）。〈子どもにとっての遊びの意義〉，《子どもと発育発達》，第一卷，第二冊。杏林書院。頁123-125。

ルドルフ・ラバン 著，神沢和夫譯（1985）。《身体運動の習得》。株式会社白水社。

三、網路部分

http://www.rootlaw.com.tw/LawContent.aspx?LawID=A040080031049200-1051201。

https://en.wikipedia.org/wiki/%C3%89mile_Jaques-Dalcroze

https://en.wikipedia.org/wiki/Zolt%C3%A1n_Kod%C3%A1ly

https://en.wikipedia.org/wiki/Orff_Schulwerk

https://ja.wikipedia.org/wiki/鈴木鎮一

附錄1-1　幼兒園教保活動課程大綱之一

教育部令：修正「幼兒園教保活動課程暫行大綱」，名稱並修正為「幼兒園教保活動課程大綱」，並自中華民國106年8月1日生效。

總綱──課程大綱架構

　　本課程大綱從人的陶養出發，確立課程大綱的宗旨和總目標，並將課程分為身體動作與健康、認知、語文、社會、情緒和美感六大領域。透過統整各領域課程的規劃與實踐，陶養幼兒擁有核心素養。「核心素養」是指一個人為適應現在生活及面對未來挑戰，所應具備的知識、能力與態度。本課程大綱培養之六大核心素養如下：

(一)覺知辨識：運用感官，知覺自己及生活環境的訊息，並理解訊息及其間的關係。

(二)表達溝通：運用各種符號表達個人的感受，並傾聽和分享不同的見解與訊息。

(三)關懷合作：願意關心與接納自己、他人、環境和文化，並願意與他人協商，建立共識，解決問題。

(四)推理賞析：運用舊經驗和既有知識，分析、整合及預測訊息，並以喜愛的心情欣賞自己和他人的表現。

(五)想像創造：以創新的精神和多樣的方式表達對生活環境中人事物的感受。

(六)自主管理：根據規範覺察與調整自己的行動。

附錄1-2　幼兒園教保活動課程大綱之二

身體動作與健康

一、領域目標

(一)靈活展現基本動作技能並能維護自身安全

(二)擁有健康的身體及良好的生活習慣

(三)喜歡運動與樂於展現動作創意

二、領域內涵

「身體動作」指的是靈活掌握身體自主的行動，「健康」是促進身體、心理以及社會幸福感完好狀態的積極作為。身體動作與健康領域是協助幼兒靈活掌握身體，體驗健康生活，展現健康行動；並對於所處環境，做出安全的回應。

若要能靈活掌握身體自主的行動，就須有能力掌握身體在動態與靜態狀態中的平衡與協調，要能展現健康行動，也須有能力自我照顧，參與健康促進的活動。

身體動作與健康領域包括「覺察與模仿」、「協調與控制」、「組合與創造」三項能力的培養。「覺察與模仿」是指幼兒能注意到新事物的存在，意識或模仿生活中出現的各類動作和健康行為。如：覺察到走平衡木時的身體狀態；模仿打噴嚏的掩鼻動作等。「協調與控制」是指幼兒能整合不同動作，使動作間配合得當，和諧一致。在過程中練習掌握各個動作的執行步驟，控制身體不同的

部位。如：協調走平衡木時的身體動作，控制身體的各個部位。「組合與創造」是指幼兒能掌控自己的肢體，發揮想像力，組合各種肢體動作，以扮演心中設定的故事或圖像的能力。

身體動作與健康領域區分學習面向為「身體動作」、「用具操作」、「健康行動」三項。「身體動作」面向包括穩定性動作、移動性動作。穩定性動作指的是在某固定點上能做出來的動作表現。移動性動作是從某地點移動到另外的地點，能做出來的動作表現。

「用具操作」面向是指藉由使用各種工具、文具、玩具、素材、器材、遊具、設施與設備，以協助幼兒發展各種動作技能。動作技能包括操作性動作和精細動作。操作性動作是藉由用具能做出來的大肌肉運動；也可含括穩定性動作和移動性動作在內。精細動作是指需要精巧控制的活動技能。強調提供幼兒精細動作操作機會，學習因應各種用具的輕重、大小、型態而有不同的使用方式，並熟練安全操作的能力。

「健康行動」面向是指健康與安全的學習。健康方面包括個人衛生、保健行為、健康促進行為、健康飲食、收拾整理與維護環境的自理行為，協助幼兒發展健康信念、學習健康行為與落實自我管理。在安全方面，則指覺察身體活動的安全距離，辨別與保護自己與他人的安全、食物安全、遊戲安全、用品安全等議題。

綜合「覺察與模仿」、「協調與控制」、「組合與創造」三項領域能力及「身體動作」、「用具操作」、「健康行動」三個學習面向，身體動作與健康領域的課程目標如下：

身-1-1　模仿身體操控活動

身-1-2　模仿各種用具的操作

身-1-3 　覺察與模仿健康行為及安全的動作

身-2-1 　安全應用身體操控動作，滿足自由活動及與他人合作的需求

身-2-2 　熟練各種用具的操作

身-2-3 　熟練並養成健康生活習慣

身-3-1 　應用組合及變化各種動作，享受肢體遊戲的樂趣

身-3-2 　於善用各種素材及器材進行創造性活動

　　課程目標1-1至1-2，是有關幼兒覺察與模仿有關身體的穩定性動作、移動性動作及用具操作等動作技能。課程目標1-3是讓幼兒覺察與模仿健康行為及安全的動作。健康行為是指與個人健康維持、健康恢復及健康改善有關的行為模式，包括個人衛生、保健行為，飲食習慣、睡眠習慣、如廁習慣及保持良好姿勢（閱讀與坐臥立行等）的習慣，和收拾習慣等。安全的活動意指保持身體活動時安全的距離及維護自己和他人的安全。

　　課程目標2-1至2-2是有關能協調與控制身體活動的能力。幼兒能協調肢體不同部位與彼此的關係，以肢體做出各式各樣的形狀，探索能支撐及載運他們重量的動作，體驗如何靈活控制搖擺、翻滾、支撐等調整與移轉重心及克服地心引力的活動。另外，幼兒能依據空間環境以及生活學習情境，調整及控制動作的大小、快慢、輕重、方向、形式以及與周遭他人及環境的關係。活動進行時宜提供合宜的設施設備及團體合作的情境，並適時提供穩定性、移動性、操作性等動作技能。當幼兒能成功的操控身體或操作用具，就會持續體驗身體向前向後、站蹲、傾斜、伸手、揮手或跳躍，測試身體動作幅度與韻律感，以及調整使用用具的力道與方式。課程目

標2-3是引導幼兒協調與控制自己的動作，並養成健康的生活習慣，包括個人保健行為，飲食習慣、睡眠習慣、如廁習慣及保持良好姿勢（閱讀與坐臥立行等）的習慣，和收拾習慣等。

　　課程目標3-1至3-2是關於整合與變化動作的肢體創意能力。肢體動作可在持續活動中，組合成具有韻律感的連續性動作。幼兒知道如何協調肢體展現動作，就會發現肢體具有表達及創造的本質。例如肢體上下擺動如同海浪，或是四肢突然大字型開展再快速縮回如同星星閃爍。幼兒喜歡表達及創造不同的動感姿勢，並享受肢體遊戲的樂趣。另外，音樂、戲劇、故事及遊戲均能激發想像創造的動作，例如教保服務人員提問：「天上的飛機如何飛？」幼兒便張開雙臂起飛，或是扮成螺旋槳雙手交纏過頭頂並旋轉；幼兒翻轉或扭轉「機」身及「機」翼，加速飛翔或突然起降，或兩人單手相互抱腰單臂伸出當機翼，表現並行同飛。此外，討論想法和鼓勵展演也能激發幼兒的創意動作遊戲或舞蹈。

三、實施原則

(一) 教學原則

　　身體動作與健康領域教保活動實施的原則就是能「營造安全有趣的遊戲氣氛」及「以統整的觀點將健康行為融入日常生活」。為了創造與設計出自在學習氛圍的活動情境，教保服務人員要習慣於以「行動」代替「說明」，喜歡肢體活動，表現健康行為；善用多元化的活動與教材，巧妙運用生活中與健康相關的經驗，妥善運用時間和空間，並依據幼兒的身體狀況和興趣，彈性變換各種教學方式，陪伴幼兒一起學習。

以下是提醒教保服務人員，在實施教學時宜掌握的具體要點：

1.協助及提醒幼兒遵守共同建立的安全活動規則

　　身體動作與健康領域強調隨意且自由自在的活動或遊戲，但不表示活動進行不需要規範。幼兒對於危險或突然發生的意外狀況，自主判斷能力不足，亦缺乏足夠的能力去閃躲或排除，因而容易造成意外事故。教保服務人員有責任協助幼兒理解，並適時提醒，與幼兒共同建立活動規則。一般而言，活動的規則多半與安全有關，例如尊重他人的活動空間、學習輪流等待與降低音量等，皆是幼兒在活動時須注意的重要事項。在適當的活動規則下運動或遊戲，可預防擦、撞、碰或跌倒等意外事故的發生。

　　要特別注意的是，安全是所有活動的基本要素。而培養幼兒養成遵守活動規則的習慣，則是活動安全進行的關鍵。教保服務人員每天宜提供幼兒充足的遊戲時間，年齡越小的幼兒越需要有自由遊戲的機會，也越需要及早學習遵守遊戲規則。

2.活動前須檢視及區隔個人與整體的活動空間

　　活動與遊戲都需要一定的空間，若活動空間太小，易導致幼兒碰撞或爭執的機會增加，甚或排斥參與。體能活動若在教室內進行，教保服務人員宜在活動期間，引導幼兒手臂前後左右伸直後，再加上大約5公分的距離，先取得並維持人我之間適當的活動空間；活動場地須確認活動空間合宜可用，事先劃分界線、檢視是否通風、地面有無坑洞或留有未收拾的物品。「場地規劃」的行動，不但是團體活動時安全與盡興的必備條件，也可將其轉換成一項肢體活動。例如請幼兒假扮建築工人或是安排家具擺設的七矮人等，與幼兒共同建立活動界線，以區分個人與整體的活動空間。較大的

活動場地，則可用繩子或膠帶將活動界限標示出來。

　　要特別注意的是，幼兒園每位幼兒的室內活動淨面積如少於1.5平方公尺，將會使幼兒的團體互動遊戲減少，旁觀、攻擊及爭吵等行為則會隨之增加。另外，幼兒的活動量會明顯降低，甚至連幼兒走路移動的次數也會降低。也就是說，空間不足對於幼兒身體動作的發展與學習具有關鍵性的影響，建議教保服務人員盡可能多使用戶外活動空間，以提高幼兒活動肢體的機會。

3.示範良好的健康行為並提供幼兒參與健康活動的機會

　　教保服務人員是幼兒健康學習的典範。幼兒在情境中觀察教保服務人員的健康行為，並有機會學習及發展出健康正向的行為及態度。

　　除此之外，出汗性大肌肉運動、健康飲食、以及良好的衛生習慣，都可融入例行性活動中。幼兒常以不同方式進行穩定性的身體動作，例如：彎腰、旋轉、擺盪、搖擺；探索性的移動性動作，例如：行走、攀爬、跑步、單腳跳、雙腳彈跳、競走、奔跑；以及操作物品的動作，例如：用手或是腳移動物品、如何移動、能做出移動的動作，進行身體活動並養成運動習慣。幼兒從例行性活動中，例如，飯前便後洗手、使用個人物品、騎單車戴安全帽、用衛生紙清鼻涕以及刷牙等，養成良好的健康習慣。

4.自然引導幼兒的健康行為與動作技能

　　一般而言，幼兒對於不熟悉的事物會先觀望，面對較複雜的活動容易卻步或不參與。因此，規劃教保活動課程須先以低層次的、必須的、易做到的、有趣的動作活動為主。從幼兒眼睛所看到或耳朵所聽到的具象事物著手，讓幼兒有機會模仿與練習。活動方式宜先以淺顯易懂的遊戲進行，例如日常生活的清潔、衛生保健、飲

食、跑跳、攀爬、投擲、玩球、律動和簡單有趣的體操，請幼兒跟隨與回應教保服務人員的指令或模仿同儕行為。另外，幼兒較缺乏耐性，對於相同的活動或重複的動作無法持續太久。因此，當幼兒練習且熟悉某些肢體動作之後，教保服務人員可漸進地提高動作難度及變化活動，並適時運用音樂節奏或加入故事扮演。提供有劇情及順序變化的肢體活動，才能滿足幼兒的好奇心，提高幼兒探索的興趣，增加身體的控制及協調能力。

要特別注意的是，動作能力的展現是各領域探索學習的工具，幼兒以行動解決日常生活問題，則是身體動作技能最重要的學習法則。特別是關於清潔衛生與整理生活環境，皆是幼兒學習動作技能的實際課題。但是，要培養幼兒喜好運動並擁有健康行為，就須安排有意義、有計畫及持續性的統整課程。

5.提供充足的活動時間，注意觀察幼兒的體能適應狀況

身體動作和體能活動持續的時間、頻率和強度，得根據幼兒的身體發展狀況、能力水準、個人興趣與先前的經驗，以及在快速活動中運動和休息間隔時間的差異而不同。相關文獻建議，5歲幼兒每天至少須進行60分鐘出汗性的體能活動，才能促進新陳代謝與骨骼肌肉的強健。通常透過長時間有氧的大肌肉群運動，才能建立或擁有良好的健康體能及體態。活動時間如果不足，省略活動前的暖身以及忽略結束後的緩和運動，反而容易造成運動傷害。幼兒參與運動遊戲常會積極投入而忘我，即使已筋疲力盡，還是樂此不疲。所以，教保服務人員進行身體動作和體能活動時須給予幼兒適度的休息。

要特別注意的是，教保服務人員提供充足的時間進行活動或遊戲，還須配合天候的變化及觀察幼兒的體能狀況，適時的調整活動

遊戲內容，採用動靜交替的方式，引導幼兒覺察自己的體能以及學習調整亢奮激烈的活動。建議2至6歲的幼兒每天至少有30至40分鐘的出汗性活動。

6.鼓勵幼兒展現肢體，並樂於參與身體動作的集體創意活動

　　身體動作與健康領域的教學活動並非要求幼兒表現固定的基本動作，更期待幼兒能自發性的表現創意動作。為提高身體移動性、穩定性、操作性的經驗，教保服務人員可藉由有順序的提問，引導幼兒自己為問題找到最近或最佳解決的途徑。教保服務人員須摒棄預設為「最正確」或「最好」答案的觀點，不必急於提供解答。例如在行走的探索與發掘中，問幼兒「你可以怎麼向前走（彎曲、跳躍、或快或慢）；你可以怎樣跳躍向前走（雙腳並跳、單腳連續跳、左右腳交替跳）；你可以自創向前進的方式（走走跳、走走跳跳跳）；加入拍子的前進方式會如何？」當幼兒喜歡向他人展現肢體動作時，即顯示其已具備開創動作的智能。因此，教保服務人員可引導幼兒挑戰更高的能力，以激發幼兒獨特的展演行為或動作流程。此一挑戰難度較高的動作技巧策略，其實也是建立幼兒勇於面對問題的信心，以及學習等待及耐力的法則。

　　要特別注意的是，教保服務人員須是活動或遊戲的重要成員，也是幼兒的大玩伴。教保服務人員須巧妙的應用生活情境或幼兒熟悉的過往經驗，並熱情的參與及積極回應，才能激發幼兒展現創意性的肢體動作活動。

7.慎選多元合宜的教材與設備，體驗各種身體動作及健康活動，且避免性別刻板印象的再製

　　幼兒身體動作與健康活動的實施，最重要也絕對需要的是「身體」之運用，其次是從生活情境選材。運用額外的教材和設備，能

讓活動設計更豐富。不同的教材與設備，也會引發不同的肢體活動與健康行為的學習。對幼兒而言，任何教具都能變化成好玩的玩具。教保服務人員可依不同的教學主題或活動情境，搭配選用不同的教材與設備，並且有計畫的交互使用以下建議的設備與教材：

☐ 自然環境資源（例如水、沙或石頭等）。

☐ 居家生活資源（例如蔬果、餐盤、毛巾、抹布或拖鞋等）。

☐ 固定性設備（例如遊戲場上的滑降、擺盪或攀爬設施等）。

☐ 可移動性的體能教具（例如跳箱、平衡木、球、數字墊、呼拉圈、氣球傘、空氣棒、滑溜布、烏龜墊、大龍球及鑽籠等）。

☐ 可移動性的騎乘玩具（例如三輪車及扭扭車等）。

☐ 可移動性的推拉玩具（例如嬰兒車及四輪車等）。

☐ 感統教具（例如滾筒及平衡臺等）。

☐ 創造性遊具（例如資源再利用的遊具，包括廢輪胎、寶特瓶、紙箱、塑膠袋、木板及報紙等）。

要特別注意的是，無論提供多豐富或多新穎的教材，若缺乏有系統的教學規劃，也不易產生教學活動的效果。合宜的教材須符合幼兒的發展，宜適度調整以配合課程目標，融入主題或單元等多元的學習活動及生活經驗中。另外，教保服務人員不可忽視事先須檢視各項器材的安全性，使身體動作與健康領域相關活動之進行更安全、更彈性、更有趣。

教保服務人員也須留意設施與設備的提供，無論色彩、物品類別都不流於性別刻板印象，且宜用心敏察幼兒小團體的形成是否有性別的流動，適時提醒引發其覺知及改變。此外，也可透過正式或

隨機的方式，規劃多元形式的小組活動，提供幼兒參與小團體活動不受性別限制而自在活動。

(二) 評量原則

　　一般而言，「觀察」是蒐集評量身體動作與健康領域相關資料最重要的方法，身體動作表現的觀察以文字描述不如影像鮮明，因此建議盡量採用拍照或錄影並搭配文字註解的方式，蒐集相關資訊。健康行為的養成則是長久內化的結果，所以宜持續觀察並記錄其改變。

　　以下分別說明幼兒表現的觀察與分析及教保服務人員教學省思的重點：

1.幼兒的表現

　　(1)平日觀察

　　為滿足生活及學習所需，身體動作的表現及健康行為隨時在發生。教保服務人員平日與幼兒互動，從進入幼兒園到離開幼兒園，特別是生活自理及協助整理學習環境的時刻，都是觀察幼兒活動的契機。由於，覺察與模仿、協調與控制、組合與創造等動作能力，彼此高度相容的整合於活動中，因此，教保服務人員平日觀察幼兒操控身體及操作用具活動，可將三項領域能力統整觀看。

　　針對課程目標1-1「模仿身體操控活動」、2-1「安全應用身體操控動作，滿足自由活動及與他人合作的需求」及3-1「應用組合及變化各種動作，享受肢體遊戲的樂趣」，教保服務人員可依下列提示觀察幼兒覺察與模仿、協調與控制、組合與創造等能力的表現：

□能依情境做出走、跑、踏步、攀爬、滑行的動作嗎？

□能表現出單腳跳、雙腳跳、踏跳、跨跳等克服地心引力的行動嗎？

□能估計各種跳躍的動作幅度及調整上肢協助平衡嗎？

□能調整並做出伸展、彎曲、站蹲、搖擺等重心改變的穩定動作嗎？

□能在移動過程感受肢體對稱及不對稱活動的韻律感嗎？

□能因為危險或障礙物而緊急控制前進的速度嗎？

□能流暢的調整速度並改變身體重心與活動的方向嗎？

□能判斷合宜的活動空間與他人的安全距離嗎？

□能配合音樂或節奏組合及變化肢體動作嗎？

□能自行想像並組合肢體創造各種動作嗎？

□能感受肢體彎繞的特質而做出各式各樣的形狀嗎？

□能以肢體動作表達情緒及想法與意見嗎？

□能感受無法如同儕展現動作技能時的心理反應嗎？

□能觀察及表現出舞蹈以及體操活動嗎？

□能共同討論創新的身體活動及遊戲方法嗎？

對照課程目標1-2「模仿各種用具的操作」、2-2「熟練各種用具的操作」、3-2「樂於善用各種素材及器材進行創造性活動」，教保覺察與模仿、協調與控制及組合與創造用具操作的能力：

□能自然調整身體及雙手做出投、接、拍、打擊等操作物體的動作嗎？

□使用清潔工具整理環境能維持平穩的動作嗎？

□能覺察及模仿如何騎乘腳踏車並平穩控制轉彎的速度嗎？

□使用搖晃或擺盪的遊具能平穩控制身體及調整動作幅度嗎？

□使用攀爬設備時能手腳協調並且注意安全嗎？

□能感受及體會邊跑邊滾大龍球、邊拍球與邊運球的不同嗎？

□操作學習用具時能專注並表現手眼協調的動作嗎？

□能控制腳步及移動速度做出腳踢及盤球的動作嗎？

□能調整方向及速度擊中或踢中由空中落下的物體嗎？

□能辨別器物大小及重量而調整肢體使力的力道與方法嗎？

□對熟悉或不熟悉的用具都能有不同於過往的新玩法嗎？

與健康面向相關的課程目標1-3「覺察與模仿健康行為及安全的動作」、2-3「熟練並養成健康生活習慣」，教保服務人員可依下列提示引導幼兒覺察與模仿，自我照顧與生活自理的自主行動能力：

□能覺察天氣冷熱不同而自行穿或脫衣服嗎？

□能模仿如廁、洗手、洗臉、刷牙等保健行為嗎？

□能覺察好吃與均衡營養食物的差別嗎？

□能選擇新鮮、安全與均衡的飲食嗎？

□能為自己準備餐具及能自己用餐嗎？

□用餐後會主動收拾清潔用餐環境嗎？

□能自己完成個人的清潔衛生工作嗎？

□能使用清潔工具協助整理學習環境嗎？

□能樂於參與日常生活中其他與自我照顧相關的活動嗎？

□能辨別安全距離避免意外傷害嗎？

□騎乘單車會戴安全帽嗎？

(2)定期分析

定期分析的資料來自於上述平日觀察所得的觀察記錄或在教學日誌內的記錄；另為瞭解幼兒在家中的健康與運動情形，家庭聯絡簿中也可增添「清潔自理」或「自我照顧」及「親子運動」等欄位，蒐集相關資訊，列入教學分析的資料。分析的重點在於幼兒維護自己及團體的健康行為與活動，以及基本動作的純熟與協調敏捷的狀況，教保服務人員可根據以下所列各個關注面向分析觀察資料，並嘗試從中瞭解幼兒為何如此表現，以為調整後續課程內容、教學方法或個別指導的參考：

資料來源	關注面向	
觀察幼兒日常行動或體能遊戲活動	身體怎麼動	移動行進：跑、跳、攀、滑、平衡
		重心運用及轉移：伸展、彎曲、搖擺、蹲站、旋轉、翻滾
觀察幼兒在戶外遊戲場使用大肌肉器材的情形		對抗地心引力：單腳跳、雙腳跳、踏跳、跨跳
		操作用具：投擲、接、踢、打擊、拍、運、滾
教學日誌中有關身體動作表現的記錄	如何挑戰及豐富動作內涵	身體動作：身體重心改變、動作幅度範圍、速度快慢節奏
觀察運動會或親子活動		展演故事：動作表達想法、情緒、感受、意見，擴展及結合動作表現角色行為
美勞區的活動觀察記錄		創意活動：嘗試挑戰新活動，統整美勞或創意作品融入肢體動作，從肢體動作創造出不同的動作方式，增加互動內容的趣味
幼兒參與活動的意願	樂於活動提高身體適能	積極參與活動的意願：主動參與帶領的、跟隨的、平行的、合作的、競爭的遊戲活動
		增加活動頻率與時間：逐漸延長活動時間、每天都有活動時間、每次活動30分鐘以上、活動後達流汗效果
觀察例行性活動的表現	樂於參與自我照顧的健康行為	觀察幼兒在如廁、吃飯、清潔、收拾等生活自理的態度，展現符合情境的照顧行為
家庭聯絡簿或親子學習活動記錄		是否能自行穿脫更換衣服鞋襪，選擇健康的食物、不偏食，能自己洗臉潔牙並參與居家環境的清理打掃，理解3C產品對視力的影響並減少使用時間

2.教保服務人員的省思

　　教學省思的目的，在於能設計更符合幼兒能力、更吸引幼兒參與及更完善安全的教保活動。教保服務人員藉由平日觀察及定期省思，不斷自我評估教學過程是否能滿足不同幼兒的需要，是否能延伸、支持、豐富幼兒的活動內涵，以為不斷精進教學活動設計之參考。教保服務人員平日在幼兒飲食、運動、清潔等活動中，觀察幼兒樂於參與活動的態度及完成後的成就感。除此之外，仍可注意幼兒健康行為的表現及動作的協調性。藉由幼兒對健康行為及動作的反應，教保服務人員可理解幼兒的體能限制及興趣，同時，也是檢視自己的教學活動並即時改善的重要線索。包括幼兒返家後的清潔衛生自理行為，或是協助家長共同完成整理環境的活動，都是身體動作與健康學習活動的延展。而且，教學過程常需要其他教保服務人員協同合作及引導，因此，其他教保服務人員與家長的觀察與意見，也是教學省思的重要參考。幼兒主要從日常生活與運動遊戲學習身體動作及健康行為，所以，平日觀察省思的重點，在於日常生活及運動遊戲的安全。定期省思的重點則在於活動中的創新，協助幼兒發展健康行動的方法。在遊戲與生活互動過程中，搭建支持與擴展幼兒運動學習與健康行動的鷹架，使教保活動更有趣。

　(1)平日觀察
　　　□是否能協助幼兒建立動作遊戲的規則？
　　　□是否協助幼兒更換合宜的衣著鞋襪？
　　　□是否能引導幼兒選擇均衡營養的飲食？
　　　□是否能協助幼兒學習如廁及正確洗手？
　　　□是否能夠安排各種自我照顧的情境並引導幼兒學習？

□可能超越自身極限的幼兒，是否適當的提醒規範？

□是否協助建立幼兒個人與全體的身體活動空間概念？

□是否留意活動空間通風以及有無足夠的安全防範？

□是否注意天氣變化並進行活動風險評估？

□是否能提供幼兒充足的大肌肉活動時間？

□是否進行暖身及緩和運動，避免造成運動傷害？

□是否能引導幼兒正確使用體能器材？

□是否能營造愉快自信的活動氛圍？

□留意幼兒是否有脫序行為或身體不適症狀？

□是否能協助幼兒每天達到運動30分鐘或流汗效果？

□是否能設計幼兒與家人共同收拾整理環境的活動？

(2)定期省思

□每位幼兒是否都能有公平機會充分的參與活動？

□是否提供幼兒感受肢體動作及理解他人表現的機會？

□是否引導幼兒更明確的掌握動作意圖與結果之關係？

□是否能摒棄預設為「最正確」或「最好」動作的觀點？

□是否幫助幼兒嘗試探索並創新不同的活動方式？

□是否能運用挑戰策略激發幼兒的動作潛能？

□是否能支持引導幼兒以挑戰更高的動作能力？

□是否能激發幼兒身體動作的想像力與創意？

□是否能適時加入音樂、歌曲、童謠、故事等創造元素？

□是否能鼓勵幼兒變換組別或團隊合作的體能活動？

□是否能提供討論機會以利幼兒自創活動規則或遊戲方式？

□是否提供多樣豐富足以體驗各種身體動作變化的教材與設
　備？

□是否能激發幼兒有更多自我照顧的責任與樂趣？

國家圖書館出版品預行編目資料

幼兒體能與律動指導 / 張瓊方著. -- 初版. --
新北市 : 揚智文化, 2017.09
面 ；　公分. -- (幼教叢書 ; 36)

ISBN　978-986-298-273-0（平裝）

1.體育教學　2.幼兒教育　3.學前教育

523.23　　　　　　　　　　　　　106016263

幼教叢書 36

幼兒體能與律動指導

作　　　者 / 張瓊方
出 版 者 / 揚智文化事業股份有限公司
發 行 人 / 葉忠賢
總 編 輯 / 閻富萍
執行編輯 / 謝依均
地　　　址 / 22204 新北市深坑區北深路三段 260 號 8 樓
電　　　話 / 02-8662-6826
傳　　　真 / 02-2664-7633
網　　　址 / http://www.ycrc.com.tw
 E-mail / service@ycrc.com.tw
 I S B N / 978-986-298-273-0
初版一刷 / 2017 年 9 月
定　　　價 / 新台幣 300 元